# 「推し」で心はみたされる？

21世紀の
心理的充足のトレンド

熊代亨
Toru Kumashiro

大和書房

# はじめに

もし、精神科医が「『推し』が人を幸せにする」と言っていたら、あなたはどう思うでしょう。

大半のかたは、「何を言っているのかちょっとわからない」とまず思うではないでしょうか。「そもそも『推し』とは何なのか。若い人の間で流行っている言葉らしいけれど、そんなものが人を幸せにするものか」ともおっしゃるかもしれません。

でも私は本気でこう考えています――「**推し」はただの流行現象ではなく、本当は、私たちの人生を左右するほどの重要な要素だよね**、と。

詳しくは第1章で解説しますが、今、ちまたで言われる「推し」とは、他のファンと一緒に応援しているキャラクターやインフルエンサー、作品やグループなどを指します。その「推し」を応援する活動のことを「推し活」といって、たとえば好きな作品のファングッズを買うのも、SNSやインスタグラムに「推し」を応援する投稿をするのも「推し活」にあたります。2021年の流行語大賞にノミネートされたことや、株式会社ネオマーケティングによる「推し活に関する調査」2023（https://prtimes.jp/main/html/rd/p/000000343.000003149.html）で20代のほうが抵抗がないことからも、「推し」や「推し活」が最近になってブームになったことがうかがわれます。

では、その「推し」がどうして人を幸せにするのでしょう？

精神科医としての私は、普段の診療活動のなかで「自分の気持ちが充《み》たされない」「人間関係が長く続かない」「生きていてもむなしい」、といった言葉を耳にします。どこの職場でも居心地が悪い人、誰とも打ち解けられない人、人間関係が長続きさせられない人。重大な精神疾患や発達障害に当てはまるわけでもないけれども、なかなか人間関係で満足できず、メンタルが低調な状態が続いている人も、それはそれで大変です。

診察室の外でも、「承認欲求が充たされない」「自分のがんばりが認められない」といった悩みを頻繁に見聞きします。誰もがSNSを利用し、24時間繋がり合っているはずなのに、人間関係にまつわる欠乏感はひきもきりません。そうしたわけで、ここ数十年間、たくさんの心理学者や精神科医が承認欲求やアイデンティティの問題について語ってきましたし、私もその一人でした。もちろんそれらも重要です——社会から自分がどれだけ評価されるのか、自分自身をどのように認識するかは私たちの気持ちに大きく影響しますから。

でも本当は、**「推し」やそれに類する活動も、承認欲求などと同じぐらい重要だったのではないでしょうか**。

たとえばあなたがYOASOBIを推しているファンの一人で、ライブに参加しているとしましょう。ライブ会場と一体になっている時、自分自身が認められてないと悩むファンはたぶんいないでしょう。また、サッカー日本代表を応援している最中に、自分のアイデンティティがどうこうと思い煩う人もほとんどいないはずです。私たちの気持ちが充たされるのは、自分自身が褒められた時やいっぱし扱いされた時だけではありません。自分が推している誰かが活躍している時や、自分が推している対象と一体感をおぼえている時にも気持ちが充たされるのです。そのことはもっと思い出されても良いはずで、最近の「推し」ブームはその事実を振り返るちょうど良い機会ではないか、と私は考えています。

人間の心の問題や悩みについて考える際、つい、私たちは自分自身のことや、患者さん自身やクライアント自身のことを考えてしまいがちです。でも「推し」が教えてくれるのは、人間の心の問題は承認欲求やアイデンティティだけで成り立っているのでない、ということです。誰かを推すこと、誰かを応援すること。なんらかのグループや共同体に所属し、そのおかげで気持ちが充たされること。それらも人間の心の問題を考えるうえで、大事な構成要素のはずです。心の問題について考える際には、たいていの人が自分自身や患者さん自身やクライアント自身に注目しがちですが、そうでなく、その人が誰を推しているのかも考えに入れるべきではないでしょうか。

たとえば誰も推していないし推せない人だとしたら。それとも推しているうちに不満足に陥りやすい人だとしたら。それらにも問題が隠れていると思ってかかるべきではないでしょうか。

この本のなかには、承認欲求で有名なマズローという心理学者や、ナルシシズム（自己愛）の研究で名をあげたコフートという精神科医が登場しますが、彼らも人間の心の問題の一端として、「推し」に相当するものをとりあげています。ですから自他の心の問題についてキチンと考える際には、承認欲求やアイデンティティばかり気にするのでなく、その人が誰を推せるのか、上手に推せるのか上手に推せないのか、等々にも目配りしておいたほうがいいはずなのです。たとえばカルトなインフルエンサーのような、いかにも完璧そうに振る舞っている人しか「推し活」の対象にできない人と、ときには欠点のみえる、なんなら軽く幻滅することさえある人物をゆるくリスペクトできるような「推し活」もできる人では、心の問題を巡る状況はかなり違っているはずです。そういう目線で自分自身の「推し活」を点検することで、見えてくるものもあるでしょう。

## 「推し活」で幸せになるのは一人じゃない

「推し活」やそれに類する応援・リスペクトといったものは、私たちひとりひとりの心の問題であるだけでなく、ソーシャルな問題でもあります。「推し活」は楽しかったり気持ち良かったりしますが、それは個人で完結しているエモーションではありません。私たちが誰かを推す時、推されるほうも勇気づけられたりモチベーションをわけてもらえたりします。たとえば音楽をライブで楽しむ時やスポーツを会場で応援する時、私たちの気持ちが高まって充たされるだけでなく、応援されるアーティストや選手だって勇気づけられたりモチベーションを高めてもらえたりするでしょう。サッカーの試合でホームかアウェーかがしばしば意識されるのも、選手たちを推してくれるファンがいるかどうか、会場が自分たちを推しているか否かがプレイを左右するからです。

そう、**「推し活」には自分自身の心理的な充足だけでなく、推される側を応援する、エンパワーする力が伴います。**誰かを「推し活」する時、自分自身が心理的なメリットを獲得すると同時に推される側もエンパワーされる、ここが「推し」の面白いところです。推す側と推される側がお互いにモチベーションを高め合い、エンパワーされ合うとしたら、win-winというほかありません。こうしたwin-winな側面はディスプレイの向こうのインフルエンサーを推している時やファンが何百万人もいる有名人を推している時には実感がわきづらいかもしれません。でも、学校の先輩と後輩、職場のリーダーと部下、親子や祖父母と孫、など身近な人同士で推したり推されたりが起こっている時には、傍目にもはっきりわかるほど強い力を発揮することがあります。よくできた師弟関係や先輩後輩、うまくいっているリーダーシップや家族の場合には、推す側も推される側もさまざまなメリットを受け取り、1+1=2以上の強力なタッグやグループをなすでしょう。

冒頭で私が「『推し』が人を幸せにする」と書いたのも、「推し」が自分自身の心理的な充足をこえて、身近な人々にもプラスの影響を与える可能性を秘めているからにほかなりません。「推し」上手になるとは、身近な人々をエンパワーする力を獲得し、誰かの幸せを後押しする力が強くなることでもあります。そのような力を身に付ければ、巡り巡って自分自身をも幸せにしやすくなるでしょう。

これは、自分自身の心の充足で悩んでいる人だけでなく、指導力やリーダーシップが問われている人にも無縁ではない問題です。部下や後輩を「推し活」するのが上手い人は指導者やリーダーとして適性が高く、その反対、部下や後輩を「推し活」するのが下手で、むしろ構わないほうがマシな人は指導者やリーダーとして適性を問われてしまうでしょう。これから人の上に立とうと思っている人や、後進の育成にとりかかりたい人にも、「推し活」の巧拙は重要な問題です。

## この本の構成

こうした問題意識にもとづいて、この本は「推し」や「推し活」について以下のような章割りで解説していきます。

第1章では、承認欲求と個人主義が圧倒的に注目されていた時代から、「推し」がクローズアップされていくまでのトレンドを、社会やサブカルチャーの移り変わりを目印に確認してみます。「推し」が流行語になる前に、「萌え」が流行語になった時期があったのを覚えていらっしゃるでしょうか。そうした移り変わりを思い出しながら、まずは「推し」の時代、そしてSNSをとおして私たちが集団の一員でもあると思い出した時代について確認してみましょう。

第2章では、承認欲求や「推し」といった心理的充足について、心理学の言葉もまじえて説明します。あなたは承認欲求という言葉と対になる言葉として、所属欲求という言葉をご存じでしょうか。加えて、承認欲求や「推し」がナルシシズム（自己愛）に深く関係していて、どちらも私たちのナルシシズムを充たしてくれると言って、ピンと来るでしょうか。心理学的に考えた時、ナルシストとは、自己顕示欲の強い人間ばかりとは限りません。「推し」に夢中になっている人、なり過ぎている人も一種のナルシストだったりするのです。こうしたことについて解説します。

第3章では、その承認欲求や所属欲求、またはナルシシズムを充たすための現代ならではの手段と、そうした手段のあふれた現代ならではの心理的成長の難しさについて述べます。今日、ナルシシズムを充たすだけなら方法はいくらでもあって、たとえばアニメやソーシャルゲームのキャラクターやSNS上のインフルエンサーは私たちのナルシシズムを簡単に充たしてくれます。ですがどんな充たし方でも幸福に直結するわけではなく、どんな充たし方でも心理的成長がもたらされるわけでもありません。「推し」も含め、現代社会ならではの心の充足にはどんな問題が隠れているでしょうか。

第4章では、そうした現代社会ならではの心の充足の問題を踏まえたうえで、私たち一人ひとりがどう気を付け、どのようにナルシシズムを充たしていけば良いのか、ひいてはどのようなスタンスで「推し」や「推し活」と向き合っていけばいいのか、記してみたいと思います。そして第5章では中年や高齢者まで視野に入れて、もっとうまく「推す」とは、もっとうまくナルシシズムを充たすとはどんな感じなのかを、ナルシシズムの専門家の言葉を借りながら、現代に即したかたちで説明してみます。「推し」をとおして自分だけでなく、身近な人と一緒に幸福になるために何が必要なのかも考えてみましょう。

こんな具合に、この本は「推し」というキーワードを出発点に、承認欲求と所属欲求の充足、そして私たちのナルシシズムの充足について、さまざまな角度からみていきます。

世の中にはひたすらに心の充足を追いかけ、それを幸福とイコールだと期待する人もいらっしゃいますが、実際には、ただ気持ちを充たせればうまくいくわけではありません。社会のなかで生きること、その社会のなかで自分が成長したり望ましい人間関係を持てたりすること、親しい人の成長や幸福に貢献できることも同じくらい大切です。心の問題と社会の問題を分けるのもひとつの考え方ですが、私たちは皆、社会のなかで生きているわけですから、両方の結びつきを意識しながら心の問題を論じたい——いつも私はそのように考えていますし、「推し」についてもそのように考えていくつもりです。

ではさっそく、第1章に入っていきましょう。まず、いまどきの日本社会とはどういう社会なのか、「推し」の流行をとおして確認してみます。

Contents



# 第1章

## 承認の時代から「推し」の時代へ

### 21世紀の心理的充足のトレンド

## 第2章

# 推したい気持ちの正体
## SNS時代のナルシシズム

# 第3章

# 「いいね」と「推し」に充たされ、あるいは病んで

## 自己愛パーソナリティの時代と成熟困難

## 第4章 「推し」をとおして生きていく

### 淡くて長い人間関係を求めて



## 第5章 「推し」でもっと強くなれ

### 生涯にわたる充足と成長

# 第1章

# 承認の時代から「推し」の時代へ

## 21世紀の心理的充足のトレンド

## 「推し」ブームの2020年代

〈はじめに〉で紹介したように、2020年代の前半に「推し」ブームがやってきました。第1章では、その「推し」が21世紀の日本でどのように広がってきたのか、それが日本社会やサブカルチャーの移り変わりとどのように関わりながら進んできたのかをざっと説明してみます。

ですがその前に、もう一度確認をしておきましょう。そもそも、「推し」「推し活」とは何を指す言葉だったのでしょうか。

「推し」とは、何かを他人にすすめることを意味する「推す」という言葉の名詞形です。そうしたわけで、「推し」とは他人にすすめられる人物やキャラクター、好きなキャラクターであるだけでなく、誰かに対してその気持ちを伝えることができ、さまざまなかたちで応援したいと思える人物やキャラクター、といった意味も含んでいます。

たとえばある将棋愛好家が「私の『推し』は藤井聡太《ふじいそうた》です」と言う時、その人は快進撃を続ける若手棋士である藤井聡太九段のことが好きで、他人にその気持ちを伝えることができ、どういうかたちかはさておき、藤井聡太九段の活動を応援している、とみることができます。「推し」は実在の人物でなくても、個人でなくても構わないので、「私の『推し』は（『鬼滅《きめつ》の刃《やいば》』の）煉獄杏寿郎《れんごくきょうじゅろう》」という人も、「私の『推し』は（『ぼっち・ざ・ろっく!』の）結束《けっそく》バンド」という人もいるでしょう。「推し」が作品や物品という場合もあります。読書家が太宰治の『人間失格』を推したり、刀剣愛好家が重要文化財『山姥切国広《やまんばぎりくにひろ》』を推したりするのは大いにあり得ることだと思います。

「推し」を実際に推す活動のことは「推し活」と呼ばれます。また、「推し」を誰かに向かってすすめたりプッシュしたり応援したりする行為は、動詞形の「推す」がそのまま使われたりもします。だから「推しを推す」という言い回しを見かけることも珍しくありません。

もともと「推し」はアイドルファンの間で使われていた、日本のサブカルチャーの流行語のなかでもローカルな言葉でした。たとえば、2010年前後に大人気だったAKB48のファンたちが「推しメン」などと言っていたのを覚えている人もいらっしゃるでしょう。

それが、気が付けばアニメやゲームの世界でも頻繁に使われる流行語になっていった格好です。

流行語大賞に選ばれるぐらいですから、「推し」が比較的最近になって広く用いられるようになったのは間違いないでしょう。私の見知っている限りでは、「推しを推す」という表現がサブカルチャーの広い範囲で用いられるようになり、地方の小中学生にまで浸透したのは、２０２０年以降、せいぜい早く見積もっても２０１０年代後半以降と見受けられます。それでは２０１０年代以前、日本のサブカルチャーはどんな様子だったのでしょうか。

## 「いいね」と「萌え」の00年代

「推し」が流行る以前にも、インフルエンサーに相当する人はいましたし、人気タレントやグループ、作品やキャラクターがたくさんの人に愛好されていました。今日、推し活の重要な手段になっているＳＮＳも、２００７年にはTwitter（２０２３年７月に「Ｘ」に改称）と

Facebookが始まり、インスタグラムも2010年には知る人ぞ知るアプリとして使われ始めています。しかし当時、好きな人物やキャラクターを今日のように推す人、それらを愛好しているだけでなく、他人に向かって「私はこれを推しています」と大っぴらに表明している人、他人にも見えるかたちで応援している人はまだまだ少なかったように思います。例外は、プロ野球チームを応援する野球ファン、Jリーグのサポーターといったスポーツの領域の昔ながらのファン活動ぐらいでしょうか。

SNSが流行し始めた頃、人々はまず「いいね」に注目しました。サービスが始まったばかりのTwitterでは、「いいね」はFavoriteと呼ばれていて、もらったFavoriteの数をカウントする「ふぁぼったー」というアプリを見て多くの人が一喜一憂していました。Facebookも似たり寄ったりです。SNSはユーザー個人が他人に注目されたい、認められたい、評価されたいという願望をかなえるもので、「いいね」されたい、フォロワーを増やしてたくさんの人に観てもらいたいものでした。「いいね」が欲しいという気持ちは、いわゆる承認欲求を充たしたいという気持ちです。SNSは、私たちの持っている承認欲求を可視化し、SNSを始めたばかりの人々は「いいね」が欲しい気持ちのままにTwitter

やインスタグラムのアカウントを運営しました。「インスタ映え」が流行語大賞になったのは2017年のことです。自撮り棒が最新の流行だった頃、**誰もが表現者になれると思えた時代、なるべきだと思い込んでいた時代は確かにあった**のです。

また、誰かや何かを好きだと表現する言葉も、「推し」ではありませんでした。SNSが登場する直前の2005年には「萌え」という言葉がユーキャンの流行語大賞に選ばれました。誰かや何かを好きだという点では「推し」と「萌え」には共通点があり、たとえば2007年に登場した初代ボカロである初音《はつね》ミクを「推す」のでなく、初音ミクに「萌える」のも、初音ミクが好きという意味には違いありませんでした。

けれども「推し」と「萌え」には大きな違いもありました。もともと「萌え」は、アニメやゲームの女性キャラクターが好きな男性オタクとその周辺で流行った言葉でしたが、「萌え」には自分がその女性キャラクターを好きなだけでなく、その女性キャラクターに好かれたい願望が含まれがちで、そうでなくても自分とキャラクターが一対一の関係として想定されていました。「推し」と違って、他人にすすめる・大勢で一人のキャラクターを応援する、そういった意味合いが「萌え」には希薄だったのです。そういえば、同時代の男性オタクたちが愛好した「セカイ系」という物語形式も、主人公とヒロインの二人だけの物語を軸に、それにあわせて世界の命運が変わったり世界全体が物語られたりするものでした。

だから「推し」と「萌え」は、「好き」という気持ちは共通しても、その**気持ちが第三者に対して開かれている度合いがぜんぜん違っていた**のでした。

たとえば00年代に人気を集めた『涼宮《すずみや》ハルヒの憂鬱《ゆううつ》』の長門有希《ながとゆき》が好きなオタクたちは、それぞれが自分とキャラクターとの二人だけの関係をベースに長門有希に「萌え」ていたのであって、今日の「推し活」のように、みんなで・やや遠い距離から長門有希を応援していたわけではありません。だからこそ抱き枕のようなアイテムが流通したり、自分が好きなキャラクターについて語る際に「長門有希は『俺の嫁』」といった言い回しが使われたりしたのでした。

対照的に、今日の推し活では「推しが『尊い』」という言い回しをよく見かけます。尊いというからには、**「推し」の対象は「萌え」の対象に比べて距離があり、少なくとも「俺の嫁」と呼んだり一対一の関係を想像したりする筋合いのものではない**のでしょう。

ですからひとことで好いているといっても、「俺の嫁」である「萌え」と「尊い」とされる「推し」の間には大きなギャップがあるとみてとるべきです。前者には、後者にあるはずの第三者の目線、その好きな対象を第三者と一緒に応援し、自分よりも尊いものとみなす感性が欠けていたのでした。

ざっくりまとめると、「推し」が流行する前のサブカルチャーの風景、あるいはインターネットのカルチャーは、全般的に自分中心で独りよがりと言いますか、集団性より個人性が前面に出たものだったと言えます。ＳＮＳのトレンドは自分中心の「いいね」で、キャラクターと自分自身との関係性も一対一の時代、「推し」を他の推し活メンバーと一緒に尊ぶ感性ではなかったのでした。承認欲求を充たすことに夢中になりがちな感性、「いいね」をつけてくれる人や自分の好きなキャラクターに好かれたい・愛されたいと願うことに夢中の感性でもあったと言い換えられるかもしれません。

やや脱線になりますが、尊い「推し」を推す以前の、「萌え」や「俺の嫁」のうちに、当時の男性オタクのジェンダー的な偏りを読み取ることも可能でしょう。何が言いたいかというと、「俺の嫁」願望には男性が女性キャラクターを選ぶことはあっても、女性キャラクターが男性を選ぶという視点が欠落しているのです。現実の社会では、20世紀後半にはもう、男性も女性もお互いをえり好みする恋愛結婚の時代が到来していましたが、男性オタクが女性キャラクターに望んだのは男性が女性を一方的に選べる、そのようなものでした。この視点でみれば、昨今の推し活をする男性オタクや男性ファンは時代に即した感性にアップデートしているとも言えるでしょうし、よりポリティカルコレクトネスに従った感性で「推し」を推しているとも言えるでしょう。

## SNSが「推し活」を簡単に、大規模にした

そうしたわけで、00年代はオタクたちにとって「萌え」の時代でSNSにおいては「いいね」の時代でした。オフラインの領域や旧来のカルチャーの領域はともかく、ことオンラインやサブカルチャーの領域では、自分が承認欲求を充たすこと、自分自身が認められたり注目されたりすることが今以上に重視され、みんなで誰かを応援することが現在ほど

重視されていなかった時代、とまとめられるかもしれません。

とはいえ、「推し」が流行語になる以前にも、自分ではない誰かを応援する活動、その応援を第三者とシェアするかたちでやっていく活動はサブカルチャーのコンテンツとして存在していました。

先に触れたとおり、2005年にはAKB48が秋葉原のAKB48劇場で活動を開始し、ファンたちがこぞってCDを買うなどの「推し活」が行われました。AKB48のプロデューサーである秋元康《あきもとやすし》は、AKB48のコンセプトを「会いに行けるアイドル」としましたが、実際、握手会や総選挙も含めてAKB48はファンが「推し」を推す、その手ごたえを感じさせるものでした。

この時期は他のサブカルチャー領域でも「プロデュース」がキーワードだったかもしれません。2005年末には『野ブタ。をプロデュース』がドラマ化されて高視聴率をマークし、同じ時期、その後長くヒットすることになるゲーム『アイドルマスター』シリーズの最初の作品がリリースされました。『アイドルマスター』の大きな特徴は、プレイヤーがプロデューサーとしてアイドルを支える・応援する点にあります。

『アイドルマスター』以前にも、美少年や美少女がたくさん出てくるゲームはありましたが、それらは登場するキャラクターとプレイヤーの一対一の関係が想像しやすい疑似恋愛的なもの、いわば「萌え」や「俺の嫁」を想像しやすいものがメインストリームでした。または、プレイヤーがキャラクターに応援されたり、キャラクターと二人で何かを達成する筋書きだったと言うべきでしょうか。

プロデューサーはそうではありません。「俺の嫁」とは正反対に、プロデューサーはキャラクターを応援し、キラキラできるよう後押しする存在です。この『アイドルマスター』をはじめ、プレイヤーがキャラクターを応援し、キャラクターがキラキラできるよう後押しするコンセプトのゲームやアニメは、その後急速に存在感を増していきました。

こうして思い返してみると、00年代の後半から2010年代のはじめにはもう、「推し」を推すことをコンセプトにした作品があちこちのジャンルで人気を掴みはじめていたのでした。

SNS上の変化も思い出してみましょう。2011年に東日本大震災が起こった時、SNSは新しいメディアとして注目され、より多くの人がTwitterやFacebookなどを使い始めました。そのとき重視されたのは「いいね」ではありません。「リツイート（現在は「リポスト」）」や「シェア」が情報や意見を広めるうえで効果的であることが分かり、自分たちの意見を代弁してくれるように思えるアカウントを推したり、良くないと思われる人を批判してくれる人を推したりする手段になり得ることを、新規のユーザーたちも肌で感じ取ったのではないでしょうか。

２０１０年代の前半は中東で起こった「アラブの春」やアメリカ大統領選挙など、ＳＮＳを活用した政治運動が続いた時期でもありました。ＳＮＳが政治運動に効果的とみなされ、支持する政治家や運動家の言葉をたくさんの人がリツイートしたりシェアしたりしました。リツイートやシェアの対象になったのはそれだけではありません。２０１１年のTwitterでは、金曜ロードショーで放送された『天空の城ラピュタ』にあわせて一斉に「バルス」という投稿がされ、いわば、「バルス」が日本じゅうのTwitterユーザーにシェアされました。

そうやって私たちは、ＳＮＳが「いいね」のやりとりや承認欲求を充たすのに適しているのと同じかそれ以上に、リツイートやシェアをとおして何かを広めること、誰かを応援することに適していることを学んでいったのでした。映画『シン・ゴジラ』や『君の名は。』はＳＮＳでのバズをとおして大ヒットした作品でしたし、この頃から、ファンが繰り返し映画館に足を運んで応援するさまをＳＮＳでよく見かけるようになりました。クリエイターはＳＮＳでの拡散をあてにして作品をつくるようになり、インフルエンサーもリツイートやシェアをとおして影響力を獲得できるよう計算した文章や写真や動画を投稿しました。消費者やファンも、ＳＮＳありきで作品を楽しむ態度やリツイートやシェアを楽しむリテラシーを身に付けていきました。

ＳＮＳの普及と慣れが「推し」がブームになっていく下地として重要だったのは、ほとんど間違いないでしょう。もちろんＳＮＳ以前にも私たちは野球チームやサッカーチーム、ひいきの歌手やバンドを応援することはできました。でも、ＳＮＳ以前の社会で「推し」を推す手段が限られていたのも、また事実です。

00年代以前、とりわけ20世紀に推し活をやる場合、その手段は試合会場や映画館に行く、レコード店でＣＤを買う、野球中継や歌番組を観る、等々でした。それらも売上や視聴率には貢献したでしょう。ですが会場に足を運ぶさまを全国のファンとシェアすることも、試合や演奏や作品の素晴らしさを何十万人何百万人と確かめ合うこともできませんでした。

リツイートやシェアはそうではありません。試合会場や映画館の盛況ぶりを遠くの人とも共有できますし、自宅にいてさえ、試合会場や映画館にいる人の投稿をリツイートやシェアで広めることもできます。売上や視聴率と違って、リツイートやシェアはどれだけみんなに読まれたのか、どれだけみんなに広まったのかが眼の前で可視化されるので、「推し」を推す手ごたえをその場で体感するのにも優れていました。

一人で推すしかなかった人も大勢と一緒に推せるようになり、今までは試合会場や映画館に通うか、CDやグッズを買うしかなかった**推し活に新しい選択肢を与えてくれたのがインターネットによる情報革命、なかでもリツイートやシェアといったSNSの共有機能**なのです。映画を観て感動した、だけどそれをメッセージにするすべのない人も、過疎地に暮らしていて周囲にファン仲間がいない人も、リツイートやシェアをとおしていつでも推し活に参加でき、他のファンと繋がり合えるようになったわけですから、ファン活動のまさに革命だったというほかありません。

こうして推し活は以前よりも多人数が集まりやすく、手軽になり、あらゆるジャンルで大規模に行われるようになりました。リツイートやシェアをとおして生まれたバズは数値化されているので、マーケター側はその数値をもとに売上を予測することも、バズのフックを仕掛けてSNS映えさせ、売上を伸ばすこともできます。SNSをとおして大きく広がった推し活は、こうしてコンテンツの送り手からも受け手からも歓迎され、急速に広がっていったのでした。

## 「推し」だから簡単・安全とは限らない

コンテンツの送り手にも受け手にも歓迎され、たちまち日本社会を席巻していった「推し」と推し活。そこに問題はなかったのでしょうか。

少し前の「いいね」と承認欲求の時代には、その弊害が盛んに語られたものです。曰く、承認欲求を求めすぎて表現がどんどん過激になってしまう人がいる、インスタ映えを優先させて行儀の悪い行動をしてしまう人がいる、既読スルー問題も含めて自分のメンションへの反応に敏感になってしまう人がいる、等々。

「いいね」と承認欲求の時代には、「いいね」を集めたいと思っていても簡単ではない、大勢の人に注目されたり褒められたりを持続的に達成できる人はめったにいない、というネックがありました。特別な才能やセンスや業績のある人でない限り、不特定多数からたくさん「いいね」をもらったり被フォロー数を増やしたりするのは簡単ではありません。友達同士の間でも、いつも「いいね」してもらいたいと期待しすぎれば、既読スルー問題も含め、しんどくなってしまうでしょう。


それに比べれば、推すのは簡単そうに思えます。自分自身が平凡でも、特別な才能やセンスや業績のある対象を推してさえいれば良いのですから。憧れのアーティスト、ステキだと思えるキャラクター、素晴らしい作品さえあれば誰でもいつでも推せるし、いまどきはそんな対象がいくらでもあります。リツイートやシェアだけならお金もかかりません。それなら心理的に充たされる手段として推し活はすごくイージーだと言えそうですよね。

SNSで10万人に推されるインフルエンサーになるよりは、10万人に推されるインフルエンサーを推すほうがずっと簡単で、案外それも気持ち良いのです。それでも「推し活」

を巡って悩む人はいなくもありませんし、「推し活」ならではの難しさもあるにはあるのです。

まず、「俺の嫁」時代からのオタクのなかには、「推し活」を、ひいては「推し」という流行語自体をあまり良く思っていない人もいます。その気持ちは、私にも理解できます。というのは、**推し活には不自由な一面がある**からです。

どういうことかというと。さきほど書いたとおり、「俺の嫁」や「萌え」の時代には、たとえ同一のキャラクターを何千何万というファンが愛好していても、その愛好はひとりひとりにとって個別のもの、一対一でキャラクターと向き合えるものでした。ファンの人数にかかわりなく誰もがキャラクターを独占できたとも、そのキャラクターのことをどんな風に好きであるべきかが個人の自由だったとも言えます。

推し活の場合、こうはいきません。「推し」はみんなでシェアしなければなりませんし、その「推し」は「尊い」ので「俺の嫁」と思い込むには向いていません。推し活は第三者にも開かれたファン活動なので、このキャラクターはこう推すべきだ、ファンならこれぐらい推すべきだと言い始める人が目に付くこともあるなど、他のファンを意識せずにいられない側面もあります。

たとえば「推し」の動画に次々と投げ銭をしていく光景は、意志が弱く、お金の余裕もないファンにはなかなか厳しいのではないでしょうか。また、推し活が選挙運動のような空気を帯びることさえあるかもしれません。そしてマーケターやクリエイターたちは、そうした推し活に伴うプレッシャーをとことん利用し、ファンに時間やお金を費やさせてやろう、と狙っているでしょう。

推し活の集団性、第三者に活動が開かれ、第三者にアピールしたくなる性質は、推し活する人の自制心やメンタルヘルスの状況次第では有害に働くことさえあるでしょう。「推し」に貢ぎすぎてしまう人は経済的に破綻してしまいますし、推し活に夢中になるあまり、生活が乱れたり身体を壊したりする人も出てくるでしょう。また、「推し」を推したい気持ちが強すぎるあまり、他のファンにああしろこうしろと口出しする人、「推し活するならこれぐらいすべき」とうるさいことを言って嫌われる人を見かけることもあります。「推し」をあまりにも理想視しすぎた結果、勝手に幻滅して、勝手に逆恨みして、いつしか「推し」の悪口をまき散らすようになったり「推し」に害を与えるストーカーになってしまったりする人もいます。

SNS上で承認欲求を充たし続けるよりはイージーにみえる推し活ですが、誰でも無条件にできるわけではないことがおわかりいただけたでしょうか。自分自身のキャパシティをオーバーするような推し活しかできない人や周りに迷惑をかけてしまう人、「推し」に勝手に幻滅して逆恨みしてしまう人もなかにはいるのです。承認欲求を求めすぎて歯止めがかからなければ害になってしまうのと同様、推し活も求めすぎて歯止めがかからなければだいたい害になると考えて差し支えありません。

## 「推し」と「推し」がぶつかり合う世界

「推し」は、「いいね」の承認欲求に比べて第三者に開かれ、ソーシャルな活動としての側面を持っているため、個人のレベルでなく、**集団のレベルで問題が起こってしまうこともあります**。

昔から女性オタクの間には「カップリング（「CP」とも。英語圏では「ペアリング」）」という文化が存在していました。男性オタクが「俺の嫁」や「萌え」に夢中になっていた頃から、女性オタクの間には誰と誰が仲良しとみて同人誌をつくるのかを巡って派閥ができあがり、同じ作品・同じキャラクターのファン同士でも、その誰と誰が仲良しとみるかの派閥が違っていれば意見の対立が起こったり棲み分けしたりすることがままありました。どういうカップリングを推す派閥なのかはデリケートな問題だったのです。

応援する、という点ではヨーロッパのフーリガンにも共通点があるかもしれません。フーリガンは熱心なサッカーファンですが、ひいきのチームを応援するあまり、試合の前後に暴力沙汰を起こしてしまいがちでした。「推し」やひいきのチームを巡って集団間で対立が起こるのは、「萌え」や「俺の嫁」に夢中だったオタクにはほとんどみられなかった特徴です。キャラクターが好きといっても、オタクたちの「萌え」や「俺の嫁」がどこまでも個人的でスタンドアロンな好意だったのに対し、「推し活」は良くも悪くも集団的でソーシャルな活動、フーリガンほど危険ではないかもしれませんが大人数の騒動に発展するかもしれない活動です。異なる「推し」を推している集団同士がぶつかり合ったら、そのとき何が起こるでしょう？

いいえ、それは日常的に起こっているとみるべきでしょう。たとえばインフルエンサーのAさんとBさんが異なる意見を言っている時、それぞれのインフルエンサーを推すファン同士が意見を戦わせ、やがて険悪になって誹謗中傷すれすれの言葉をやり合っているのを見たことはないでしょうか。インフルエンサーとそれを推すファン集団の対立が些細なことを巡ってなら、対立は一時的で衝突も小規模かもしれません。しかし思想信条や経済的な利害を巡る対立なら、長く深刻で大規模なものになってしまうかもしれません。たとえば原発を動かすか否か、新型コロナウイルス対策をどこまで実施すべきか、といった問題を巡っては、今日でもたくさんの人々が自分たちの意見を代弁してくれるインフルエンサーを推して、リツイートやシェアをとおして戦い続けています。

そうした対立は、政治や経済の純粋な主張に基づいているわけでも、「推し」を推すと気持ちが充たされるという心理的な理由だけに基づいているわけでもありません。インフルエンサーをおみこしのようにして徒党を組んで戦う人々は、政治や経済の主張と、「推し」を推すことの気持ち良さの両方に動機づけられています。**「推し」は政治や経済の主張と**

**心理的な欲求とを接続してしまう**、とも言えるかもしれません。良く言えば、政治や経済についての運動に参加者の気持ちが入るとも言えますし、悪く言えば、政治や経済についての運動が気持ち良さ次第になってしまう、とも言えます。後者のきらいが強くなると、主張をとおして国や地域を変えるとか、世論に訴えるとかは形ばかりの目標になってしまい、みんなで集まって気持ち良くなることが目的になってしまうかもしれません。しかし自分たちの気持ちを充たすための手段になってしまった政治とは、衆愚政治にほかならないのではないでしょうか。

歴史をさかのぼれば、「推し」がもっと大きな政治に組み込まれることもありました。その最たるものがフランス革命が起こった後のフランスです。当時のフランスは王様が支配する国をやめて、国民自身が治める共和国を作ろうと国民全体でフランスという国を推しました。けれども、その国を推すという活動はマリー・アントワネットをはじめ多くの人々を殺してしまう結果を生んでしまいました。そこにナポレオンが登場し、その英雄と国の両方を推すことになった結果、ヨーロッパの並みいる国々を打ち負かすほどの大成功を生んだ半面、少子化が起こるほどたくさんの戦死者を出してしまいました。

第二次世界大戦だってそうですよね。日本やドイツといった枢軸国も、イギリスやアメリカといった連合国も、自分の国や軍隊を推して団結するよう、宣伝映画をつくったりパレードをやったり、国主導で「推し活」キャンペーンをやりました。宣伝映画は、つい推したくなるような勇ましいものや恰好の良いものが多いですが、そうやって推したい気持ちを戦争に利用するのは、それほど難しいことではありません。中東のテロリストが作っていた宣伝動画をみるに、使い方次第では推し活をテロに用いることだってできるのでしょう。

誰かを推すこと、みんなで応援する力を集めて推される側をキラキラさせることは、それこそアレクサンダー大王や織田信長の時代からあったことです。しかし、ラジオやテレビ、インターネットをとおして「推し活」はよりカジュアルに、より広範囲にできるようになり、特にSNSが普及してからこのかた、私たちはよりバリエーションの豊富な「推し」を、いつでもどこでも推せるようになりました。基本的にそれは良いことでした。

しかし推し活が集団的な活動である以上、推し活にはより大きな衝突を生むかもしれない、きわどい側面が伴っている点も知っておいていいように思います。昨今は、「日本スゴイ」系のテレビ番組が多く放送され、高齢者にカジュアルな「推し」を提供しています。また、日本では目立たなくなった習慣ですが、外国人は自国の国旗を大切に扱い、敬意を払うものです。国や国旗は、国民でさえあれば誰でも推せるし誰もが仲間意識を持てる反面、それが対立を生んだり、一人では無害なはずの人を有害な集団の一員にするかもしれません。

個人の心理的充足におさまらないところに、「推し」の特徴、「いいね」や承認欲求には無いソーシャルな特徴が現れ出ます。**個人をこえて共同体や国にまで広がる大きな力を持つかもしれない「推し」には、私たちひとりひとりの心理的な充足や社会適応にとどまらない可能性、広がりすぎて制御できない可能性もついてまわります。**この本は「推し」がメインテーマの本ですし、推し活を心理的にもそれ以外にも活用していくことをすすめていますが、国や政治の絡む領域には推し活の最も制御しづらい側面がついてまわり、リスクの程度が読み切れません。このために、そうした**大きすぎる推し活については、私としては積極的にすすめかねていることをここで断っておきます。**

第２章

# 推したい気持ちの正体

SNS時代のナルシシズム

## 「推し」は人生を左右する？

承認欲求とちょっと違っているけれども心理的に充たされる機会にもなる「推し」と「推し活」。「推し活」は気持ち良いし、自分がすごくなくても、かっこいいと思う誰か、すごいと思う誰か、尊敬できる誰かを推せば心理的なメリットを得ることができます。第1章では、そんな「推し」が2010年代以降、SNSとともに広がってきた現状について、集団ならではの危険性にも触れながら紹介しました。

第2章では、その「推し」をとおして心理的に充たされるのはなぜなのか、推し活に夢中になっている時に「推し」がどのように私たちに影響を与えているのか、人間心理を研究した学者たちの言葉を借りながら説明してみます。心理学的にみて、「推し」とはどんな現象で、どのように私たちの気持ちに役立つでしょうか。

比較のために、ここでも承認欲求に登場してもらいましょう。私たちは他人に褒められたり評価されたり一人前扱いされたりすると、嬉しくなったり力付けられたりします。逆に、他人から馬鹿にされたり未熟者扱いされたり仲間外れにされたりすると落胆し、元気を奪われたような気持ちになります。誰かに認めてもらいたくて、褒められたくて、そのためになら頑張れる人だっているでしょう。

ということは、承認欲求って私たちの生活や人生にとってかなり重要だと思いませんか。その場で気持ちが充たされるとか、心地よいとかだけでなく、承認欲求のおかげで私たちは熱心に練習したり勉強したりするかもしれず、逆にがっかりしてやる気を失ってしまうかもしれないのです。褒められて伸びる人はたくさんいますし、逆に、なかなか褒められる機会が得られない人の、褒められにくい部分を伸ばすのは難しいでしょう。承認欲求がモチベーション源になる性質を生まれながらに持っている私たちは、自分が褒められやすい活動を重視しやすく、他人から評価されやすい活動のスキルや才能をおのずと磨いていくでしょう。

承認欲求は、褒められたいとか認められたいといった気持ちの問題であると同時に、モチベーション源であり、そうだからこそ才能を伸ばしていく触媒やてこの役割をも果たしているのです。また、自分が評価されやすい才能や活動を見極めるヒントにもなります。

「推し」や推し活はどうでしょうか。承認欲求と同じく、これらにもモチベーション源としての効果、才能を伸ばす効果があります。「推し」に憧れてスケボーを始めた、「推し」のことが好きだから自分もギターを始めたといった話は、昔も今も珍しくありません。たとえばアニメ『けいおん!』や『ぼっち・ざ・ろっく!』がヒットした年にはギターがたくさん売れましたし、『神の雫《かみのしずく》』というワイン漫画をとおして入門したワインファンもたくさんいました。それらを推した全員がギターやワインの熟練者になるわけでないとしても、何かを始めるきっかけとして「推し」は結構重要です。

こうした効果はアマチュアに限ったものでもありません。藤井聡太九段のような最高の棋士も、もちろん承認欲求にモチベートされて才能を育てた部分もあったでしょうけど、羽生善治《はぶよしはる》九段など年上の棋士に憧れ、将棋上の技能もそうでないことも学び取っていきました。プロ野球選手でも、大リーグで活躍する大谷翔平《おおたにしょうへい》選手は松井秀喜《まついひでき》選手やダルビッシュ有《ゆう》選手に憧れたといいます。

「推し」や推し活がモチベーションの源になったり、何かを始めるきっかけや頑張って練習する触媒になったりする以上、これらも承認欲求と同じく、気持ちが充たされるだけでなく、私たちの活動や技能や才能を、ひいては将来や可能性をも左右するものではないでしょうか。そしてこれも**承認欲求と同じく、うまく利用できる人とそうでない人で人生の難易度や幸福感が案外変わってくるファクター**だと言えるのではないでしょうか。

## 承認欲求が薄れ、所属欲求が息を吹き返す現代

さてここまで、承認欲求という言葉を私はなにも説明せずに使ってきました。いまどきは漫画やアニメにも盛んに登場するぐらい有名になった言葉なので、おそらく、だいたいのニュアンスは読者のかたもご存じだろうと期待していたからです。

が、ここで少し言葉を整理したいと思います。

承認欲求とは、もともとアブラハム・マズローという心理学者が使った言葉でした。マズローは20世紀中頃に人間のモチベーションについて研究した人で、彼のモチベーションの分類はのちに欲求段階ピラミッドという形で盛んに引用されるようになりました〔図1〕。

図1｜マズローの欲求段階説

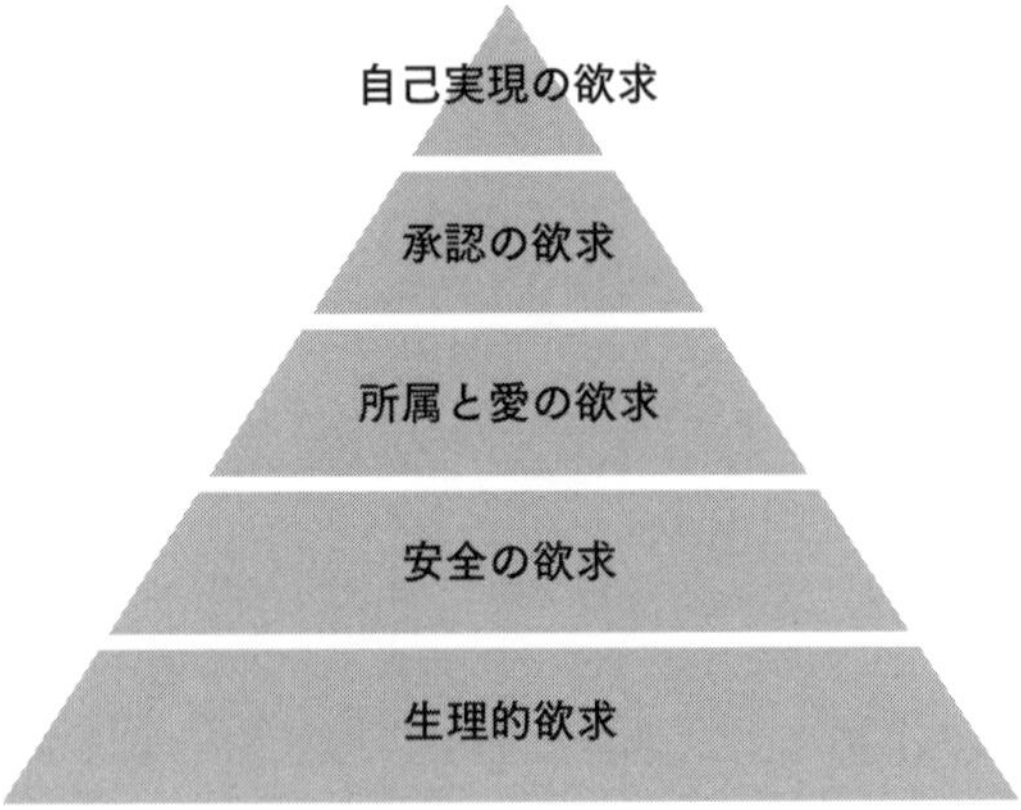


欲求段階説は、人間のモチベーションの分類としては大雑把で、批判されることも多いものです。が、大雑把ゆえにわかりやすく、簡単に整理できるメリットもあって現在でも用いられています。マズローは、人間のモチベーションはこのピラミッドの下の欲求が充たされるにつれて上の欲求を充たしたい気持ちがモチベーション源として重要になってくる、といったことを述べています。たとえば睡眠や食事、身の安全といったものが脅かされている状態の人間はそれらを満たすことがモチベーション源として大きく、承認欲求などは二の次になる、ということですね。しかし、日本で暮らしている人の大半は生理的欲

求や安全欲求が充たされているはずなので、私たちのモチベーション源になりがちなのは承認欲求、それと並び立つ所属欲求ということになります。

承認欲求は、他人から褒められたい、認められたい、いっぱし扱いされたい、注目されたい、等々の、他人から自分に向かってポジティブな目線をもらいたい、そのような欲求です。承認欲求は人間のソーシャルな欲求としては重要なもののひとつで、特に個人主義の社会ではスキルアップや努力のモチベーション源として注目されてきました。「推し」が注目される前は、この承認欲求があれこれと言われていたものです。

ソーシャルな欲求として、マズローは所属欲求という欲求も挙げています。これは、**みんなで集まって同じ方向を向いていたい、仲間意識を持ちたい、群れていたい、といった欲求**です。「推し」をみんなで推したい欲求や推し活のモチベーション源を生前のマズローが見たら、「これは承認欲求じゃなく、所属欲求ですね」と解説したことでしょう。

20世紀の段階でマズローは、**所属欲求を充たす機会は減ってきている**、といったことも述べていました。個人主義が強まり、一人暮らしが増え、同居している家族も全員がバラバラのスケジュールで暮らしているようだと、みんなと同じ方向を向いて過ごす経験も、仲間意識を強く感じる機会も、昔の村社会などよりは減ってしまうでしょう。しかし進化生物学などで語られるように、人間はホモ・サピエンスに進化する前から群れて協力し合って生き延びてきました。そうである以上、群れていたい欲求、仲間意識を持ちたい欲求などは人間にとってプリミティブなものですし、この欲求があったからこそ人間は力を合わせて文明を発展させ、複雑な社会をつくることができたと言えるかもしれません。

承認欲求と所属欲求は、どちらも他人が存在してはじめて成立する欲求で、そうである以上、ソーシャルな欲求です。承認欲求が他人から自分に目線が向かって欲しい欲求であるのに対して、所属欲求は自分から他人（またはグループや集団）に目線が向かう欲求なので、模式化するなら、**承認欲求は［他人（たち）↓ポジティブな目線↓自分］で、所属欲求は［自分↓ポジティブな目線↓他人（たち）］となる**でしょうか（図2）。

「推し」と推し活的なもの、ひいては所属欲求は、個人のモチベーション源としてだけでなく、そもそも社会やグループがまとまりを持つためにも重要な欲求でした。人間集団は太古の昔から「推し」的なリーダーやシンボルのもとに集まり、それらを旗印として力を合わせてきたからです。トーテムポール、王や将軍、それらに対する忠誠は「推し」を昔

## 図2 ｜承認欲求と所属欲求の違い

### 承認欲求

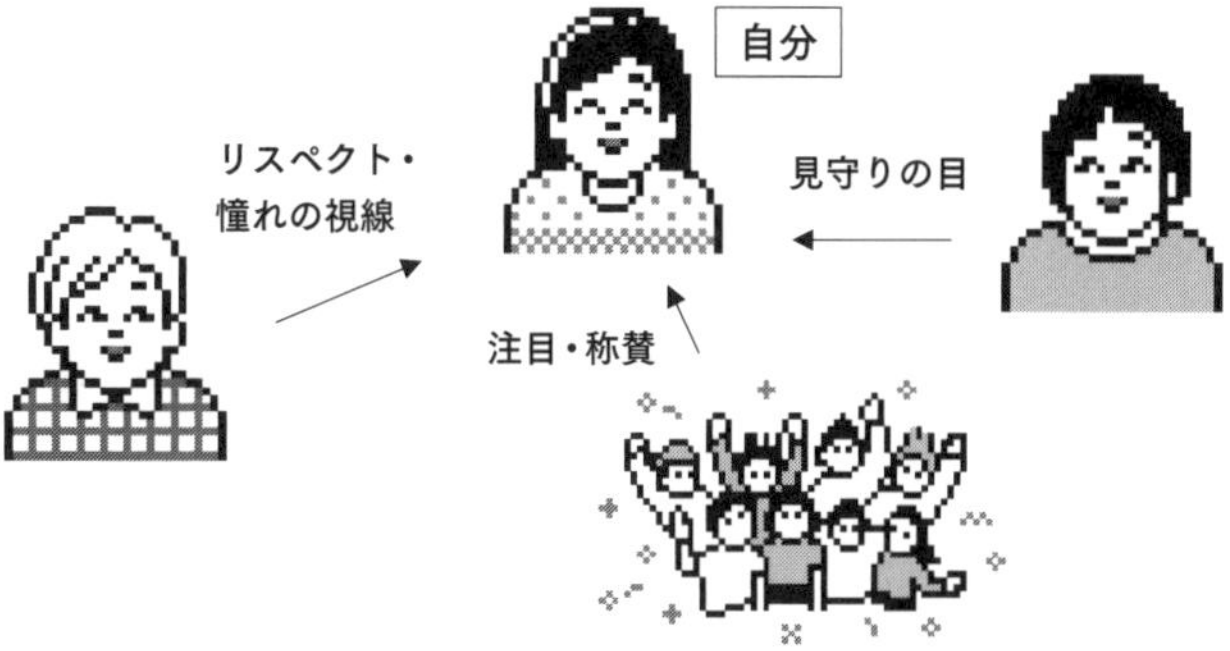


不特定多数のファンからの声援、周囲からのリスペクトの目線、見守りの目線などをとおして承認欲求は充たされる。承認欲求は自分自身にポジティブな目線や評価を向けてほしい欲求だ。

### 所属欲求

対して所属欲求は自分から誰かへの尊敬や憧れの目線で、その対象は自分が属している集団や属したい集団になることもある。承認欲求と所属欲求は、他人が介在して充たされる点は同じだが、ポジティブな目線の向かう先が自分自身か、他人や集団なのかが異なっている。

風に制度化して、個人のモチベーション源と共同体や社会制度がうまく噛み合うようにつくられたものです。戦後の日本企業もそれに似ていました。個人としては目立たず、自立せず、承認欲求をあまり充たせなくても自分の会社に誇りを持ち、そのメンバーとして活躍できれば、それはそれで心理的には充たされたわけです。戦後の日本企業に限らず、こうして所属欲求ベースで団結した集団や共同体が無類の力を発揮することがあります。

推し活だってそうですし、プロ野球やJリーグの応援だってそうですよね。たくさんの人の所属欲求が重なり合う時、個人レベルでは到底なしえないような高揚感や達成感、エネルギーの高まりが沸き起こることがあります。私は、それって本当はすごいことで、人間という種に実装された大変な可能性だと思います。

ところがマズローも言ったように、20世紀後半になるとソーシャルな欲求として所属欲求は重視されなくなりました。個人主義が広がり、一人暮らしする人、家族と同居していても一人で過ごす時間の長い人が増えてくると、所属欲求は昔ほど重視されなくなり、職場でも私生活でも、モチベーション源として承認欲求のほうが注目される時代がやってきたのでした。社会のほうも変化し、たとえば昔ながらの日本企業に忠誠心を持ちながら勤める人は時代遅れになりました。数年単位で転職するキャリア、ご近所さんの顔も名前も覚えることのないまま引っ越しを繰り返すようなライフスタイルが一般的になると、会社や地域に所属欲求をいちいち感じるのはモチベーション源になるどころか、重荷になってしまいかねません。

21世紀は所属欲求に比べて承認欲求が重要な時代だ、個人主義の21世紀にはそれにふさわしいモチベーション源とライフスタイルがある——そんな風に思っていた人は多かったことでしょう。ところが**昨今の「推し」ブームをみるに、ソーシャルな欲求としての所属欲求は息を吹き返した**ようです。「推し」の時代の所属欲求は、昔の所属欲求に比べると、誰を推すのか推さないのかの選択の自由がききやすく、比較的ライトな傾向があるように思われます。なぜなら昔はどこかに所属する・誰かに忠誠を示すのは結構重たいことで、おいそれと所属先を変えるわけにはいかなかったからです。地元の青年団への所属、ハードな部活動への所属、転職が今よりずっと難しい昔の日本企業への就職について想像してみてください。それらに所属すれば、確かに所属欲求は充たせるかもしれないし、推すに値するような優れたリーダーに巡り合えばとても気持ちが充たされたでしょう。そのかわり所属する集団に貢献もしなければならないし、抜け出すのも大変だし、欠点の目立つリーダーにだって忠誠を示さなければならないかもしれないのです。

それに比べて、**いまどきの「推し」はもっと自由ですし、「推し」が気に入らないなら別の「推し」に乗り換えるのも簡単**です。素晴らしいですね、重たくなくていいですね。でも、まったく問題がないわけでもありません。現代の「推し」ならではの問題については、主に第3章で説明してみようと思います。

## 推し上手・推され上手が得るアドバンテージ

このように、承認欲求と所属欲求はそれぞれソーシャルな欲求として、人間個人のモチベーション源になると同時に人と人が繋がり合うかすがいのような役割を、なんなら社会の仕組みを成立させる心理的なバックグラウンドとしても役に立ってきました。多少の争いはあるにせよ、何十億もの世界人類が全体としてはグローバルな社会を成り立たせているのも、マズローが承認欲求や所属欲求と呼んだような、ソーシャルな欲求を私たちが生まれながらに持っているおかげ、とも言えるかもしれません。

さて、ここからは私たち個人にとってそれらの欲求がどんなメリットをもたらすのか、もう少し詳しくみていきましょう。

承認欲求や所属欲求を充たす第一のメリットは、自分自身の気持ちが充たされ、心理的な充足感が得られることとです。それどころか、**人はそれらのソーシャルな欲求を充たせていないと元気が出ない、やっていられない**、と言い直すべきでしょうか。

人間にとって、ソーシャルな欲求をまったく充たせない状況は非常に辛いものです。さきほど述べたように、人間は太古の昔から群れをつくって助け合うソーシャルな生物として進化してきました。群れの他のメンバーに認められること、信頼されること、一人前とみなされること。または尊敬できるリーダーを推せること、強力な部族や共同体のメンバーの一員でいられること。それらは厳しい環境で生き残り、子孫を育てていくうえでとても重要でした。だから私たちの遺伝子には、そうしたソーシャルな欲求を充たしたがり、充たしたがることをとおして群れに適応したり群れのなかでより良い地位を獲得したりする性質が刻みこまれてきました。ソーシャルな欲求を充たすようモチベートされ、そのとおりに行動していればおのずと群れに適応でき、生き残りやすく、子孫も残しやすい――そんなことを何千年何万年と繰り返してきたご先祖様の末裔《まつえい》が私たちなのです。

そのかわり、ソーシャルな欲求を充たせなくなると私たちは元気が出なくなったり、しんどくなったり、不安になったりするようになってしまいました。太古の昔において、ソーシャルな欲求が充たせない状況は命にかかわる状況、一刻も早く何とかすべき状況だったでしょう。だから人間はソーシャルな欲求を充たせなくなると、いわば「非常時モード」になりがちで、今日の社会では、それが抑うつなどメンタルヘルスの問題を起こしたり、承認欲求や所属欲求を求めて極端な行動を起こしてしまったりしがちです。そうした「非常時モード」のデメリットを避けるためにも、承認欲求や所属欲求は充たしておいたほうがいいですし、その一環として「推し」を推すのは良いことだと私は思っています。

第二のメリットは、**トライアルやスキルアップを後押ししてくれる**ことです。絵を描いたらいろんな人が褒めてくれた、作文コンクールで金賞をとった、等々はもっと頑張りたい、もっと上達したいというモチベーションになりますし、さきほど触れたように、自分の才能や適性のありかを知る手がかりともなります。所属欲求も重要です。憧れの師匠や尊敬できる先輩からよく学びたい、「推し」をロールモデルにしたい、そういう思いがあるのとないのとでは、学びの難易度はぜんぜん変わってきます。誇れるような共同体や集団や企業に属していると感じているかどうかも、学びの姿勢、メンバーの一員として活動するモチベーションを大きく左右するでしょう。

厳しすぎる練習環境に耐えているようにみえる人、ハード過ぎるトレーニングをやってのけているようにみえる人の内幕は、案外、こうした承認欲求や所属欲求をしっかり充たせる環境で、それらが心の支えになってきたからかもしれません。もちろん、時代や状況や才能により、どちらのソーシャルな欲求がより充たしやすいのか、どちらが今身に付けたい技能習得にとってカギになるのかは異なっているでしょう。

そして承認欲求や所属欲求を充たし慣れている人、いわば、それらを充たすということの心の熟練度が高い人は、もっと大きな恩恵をも受けられます。承認欲求を充たし慣れている人のなかには、自分がたくさんの人に注目されている・自分が推されていると感じている時に実力以上のパフォーマンスを発揮できるタイプの人がいます。声援やギャラリーの声をプレッシャーと感じるより、追い風と感じられる人は、それ自体がひとつの才能だと言えるでしょう。

所属欲求を充たし慣れている人も負けてはいません。所属欲求を充たし慣れている人は、ものすごくすごい「推し」を推すだけでなく、もうちょっと身近な「推し」を推したり、多少は欠点の見え隠れする「推し」をも推すことができるのです。一見、たいしたことのない特徴のように思えるかもしれませんが、より多種多様な人を推せると、そのぶん、より多くのロールモデルに出会える可能性、より多種多様なスキルを学べる可能性に開かれている点は無視できません。そのうえ所属欲求を充たせない事態に出会いにくく、ソーシャルな欲求を充たしづらい状況を避けやすくもあるのです。

第三のメリットは、承認欲求や所属欲求を充たすことをとおして**人間関係が良好になりやすくなる可能性がある**ことです。

承認欲求や所属欲求は、遠い者同士の人間関係にはあまり影響をもたらしません。たとえばSNS上のインフルエンサーを無名のアカウントの人が推しても、仲良くなれるとはあまり思えません。でも、部活動の先輩と後輩、職場の同僚同士、趣味の社交場のメンバーの間では、小さくない影響をもたらしがちです。たとえばあなたが尊敬できる上司を推している時、あなたが所属欲求を充たせるだけでなく、上司も承認欲求を充たされ、うれしくなるでしょう。するとあなたと上司の関係は好ましい方向に変わりやすくなります。逆の場合も想像してみましょう。あなたが上司を軽蔑しているなら、あなたは所属欲求を充たせないし上司も承認欲求を充たせないでしょう。ソーシャルな欲求が人と人を結び付ける恩恵が得られず、あなたと上司の関係は冷ややかなままで、下手をすればあなたの軽蔑している内心がバレてしまって険悪な仲になってしまうかもしれません。

こうしたことは上司だけでなく、先輩、後輩、同い年の仲間、部活動、同人サークル、どこでも起こり得ることです。推し上手は周囲の人たちの承認欲求を充たしやすいぶん、好かれやすく、かわいがられやすく、コネをも獲得しやすい、と言えます。推し下手な人、身近な人を誰も尊敬できない人、誰とも仲間意識などを持てない人に比べ、人間関係でアドバンテージを獲得できる可能性が高いとも言えるでしょう。

承認欲求や所属欲求はソーシャルな欲求です。ということは、ひとりひとりの気持ちの問題、心理的に充たされるかどうかだけでなく、他人を介して自分が成長できるかどうかや、他人との間に生じる人間関係にも影響すると考えるべきでしょう。心理的に充たされないと思っている人にとってだけでなく、職場や趣味の人間関係をとおして何かを身に付けたい・何かを成し遂げたいと思っている人にもこれは死活問題です。たとえば小説や漫画、イラストなどを上達したい人にとって、こうしたソーシャルな欲求を充たし慣れているかどうかは気持ちが充たされやすいかどうかだけでなく、どれだけ広くお手本やロールモデルに出会えるか、出会った人たちとどんな人間関係を築き、その人間関係をとおしてどんなヒントや援助を得られるかまで左右するはずです。誰も推さない・誰も推せない人に比べ、推し上手・推され上手はさまざまな点でアドバンテージを得ながらことに当たれるのです。

## 承認欲求・所属欲求の取り扱いが下手な人

自分の気持ちを充たすにも、アテンションや応援を追い風にできるかどうかも、より多くの人をロールモデルにできるかどうかも、人間関係の成立不成立をも左右する、承認欲求と所属欲求。こう書くと、何に挑戦するにも大変重要だと思えますよね？

いや、実際重要だと思われるのです！　たとえば豊臣秀吉は織田信長の心を掴んで出世しましたし、部下の心を掴むのも巧みでした。秀吉にはたくさんの長所がありますが、彼の推し上手・推され上手は天下人の名に恥じないものだったと言えます。

残念ながら、私たちは秀吉ほど推し上手・推され上手ではないでしょう。そして現実には、**承認欲求と所属欲求の取り扱いが下手な人が世の中にはたくさんいます。**

承認欲求を充たすのが下手な人は、他人にそれを期待し過ぎたり、自分は褒めてもらって当然、評価されるのがお似合い、と思い過ぎてしまうきらいがあります。正反対に、他人に褒められない・評価されない事態に直面するのが不安になって、引っ込み思案な態度、おずおずとした怖がりな態度しかとれない人も多かったりします。日ごろから褒められたい・評価されたいと思っているのに、いざスポットライトを浴びたり檜舞台に立ったりすると、あがってしまったり、プレッシャーに感じてしまったりして本領発揮できない人もいます。褒められるなんて誰にでもできると思ったら大間違いです。上手に褒められるのも案外難しいものなんですよ。

所属欲求、つまり推す側についても同じことが言えます。所属欲求に不慣れな人は、自分が属する組織や共同体に対して厳しくなりすぎたり、上司や先輩、同僚のちょっとした欠点も許せなかったりします。人間、誰しも欠点はあるものですし、どんな組織や共同体にも問題がついてまわるものです。でも、それらに対する採点が厳しくなりすぎれば、自分が属するどんな組織からもプライドやメンバーシップの気持ちを得られず、誰も師匠や先生とみなすこともできず、そのせいで誰ともよそよそしい関係しか作れず、師弟関係や仲間関係を得られにくくなってしまうでしょう。そうなってしまうと、スキルアップにとってかなりのマイナスですし、非効率でもないでしょうか。

また、所属欲求に不慣れな人のなかには、そうやって色々な人の欠点ばかりみてしまうせいで、**欠点をうまく隠している遠くのインフルエンサーや偉人ばかり推してしまう人**もいます。もちろん、小説家志望者が夏目漱石を推すのも漫画家志望者が鳥山明を推すのもいいといえばいいでしょう。でも、その場合、夏目漱石や鳥山明と師弟関係を結ぶことは諦めなければなりません。ほかの誰とも師弟関係が結べず、切磋琢磨できる仲間やライバルもいない人は、師弟関係や仲間やライバルに恵まれた人との競争で負けやすくなってしまうでしょう。そして夏目漱石や鳥山明を推すならまだしも、万能を装ったカルトな指導者を推してしまい、マインドコントロールを受けてしまったり多額のお布施や奉仕活動を提供させられる人もいたりします。

推し活では、自分の「推し」を推す気持ちが強いあまり、同じ「推し」を応援する他の推し活メンバーに難癖をつけたり、「自分が一番『推し』のことを理解しているんだ、お前らはでしゃばるな」といった態度に出てしまったりする人もいます。自分の愛好するジャンルを推し、そのジャンルをとおして所属欲求を充たしながら、他のファンに対して「お前らは○○を読んでないからファンの資格なし」「ファンを名乗るなら××を1000冊は読むべし」などときついことを言ってしまう人もいます。そういうことを言ってしまうと、自分自身は所属欲求を充たせるかも知れませんが、推される側やジャンルの発展にはマイナスですよね。他の推し活メンバーやビギナーを委縮させることを平然と言い放つ人は、本人は自分の「推し」や愛好ジャンルを推しているつもりでも、実際にはファン数を減らしかねない厄介な存在です。

こんな具合に、承認欲求や所属欲求の苦手さ、または熟練度不足は、さまざまな悪影響を生み出す可能性があります。自分が良かれと思っている推し活なのに他のファンから煙たがられたり、ファン活動をとおしての友達ができづらかったりするでしょう。でも、そういう人もあまり落胆しないでください。承認欲求も所属欲求も両方とも充たし慣れ、熟練度も高い人は意外と世の中には少なかったりします。若者はもちろん、中年や高齢者にさえ上手くない人を見かけるにつけても、むしろ豊臣秀吉みたいな人のほうが少ないと言えるでしょう。

承認欲求／所属欲求どちらかが苦手な人は、えてして自分が得意なほう、熟練しているほうに頼って心理的に充たされようと頑張ったり、人間関係をつくろうとしがちです。これは、ある程度までは理にかなっていますが、飛行機でいえば〝片翼飛行〟（飛行機の翼のうち、片方が大きく損傷して不安定な飛行を余儀なくされている状態）のようなもので、両方に慣れている人に比べれば、心理的充足も技能習得も人間関係をつくっていく経路も少なくならざるを得ません。

## 承認過剰も「推し」過剰もナルシスト

ここまでお読みになって、承認欲求や所属欲求にもっと慣れるっきゃない、慣れたい！と思ったかたもいらっしゃるでしょう。では、苦手なほうのソーシャルな欲求に慣れて苦手を減らしましょうと考えた時、マズローはどう教えてくれるでしょうか？

私の知る限り、マズローはこれについてロクに教えてくれていません。

マズローは「承認欲求や所属欲求を充たせている人のなかには、それより高位の自己実現欲求というものに目覚める人がいる」と書き残しています。この自己実現欲求は社会奉仕に目覚めた偉人モードみたいな欲求で、マズロー自身、著書のなかで「誰もが自己実現欲求に目覚めるわけではない」と断りを入れていたりします。自己実現欲求に目覚めるほど偉大でない私たちにとって、マズローの語るこのゴールはほとんど参考になりません。

しかし、承認欲求や所属欲求そのものズバリではありませんが、それに近いものを研究したコフートという精神科医が参考になりそうなことを言い残しているので、これから紹介してみます。

ハインツ・コフートは、マズローよりもちょっと後の時代にナルシシズム（自己愛）の研究で有名になった精神科医です。彼の使う用語はなんだか長ったらしく、ちょっとややこしいので覚えにくさがあるかもしれませんが、本書ではこの先、何度も登場する用語なのでここで説明してしまいます。覚えにくい用語で恐縮ですが、付き合ってやってください。

コフートは、心理的な充足体験をもたらしてくれる対象、ソーシャルな欲求を充たしてくれる対象を、まとめて自己対象と呼び、それを主に鏡映自己対象と理想化自己対象のふたつに分類しました。理想化自己対象は、その字のごとく理想やロールモデルを引き受けてくれる対象、「推し」の対象になるような自己対象のことですが、鏡映自己対象という言葉は何を意味しているのかちょっとわかりにくいかもしれません。

これは、鏡を見て自分自身に惚れ惚れしているナルシストにとっての鏡のように機能する対象、自分に惚れこませてくれたり自分に値打ちがあると教えてくれたりするような対象のことを指します。たとえば自分のライブのために集まってくれたお客さん、自分が魅力を持っていると思わせてくれるような素敵な異性や友達、SNS上で「いいね」をつけてくれる人々、などは鏡映自己対象のわかりやすい例でしょう。また、中二病の学生が周囲の人々を大衆として見下して悦に入っている時、大衆として見下されている人々もその学生自身には鏡映自己対象として体験されている、と言えます。

マズローの承認欲求／所属欲求との比較でいえば、鏡映自己対象は承認欲求を充たしてくれる対象で、理想化自己対象は所属欲求を充たしてくれる対象（そして推し活の対象）とみてだいたい合っています。推し活の対象が、部活動の先輩から遠くのインフルエンサーまで、アニメのキャラクターや小説や国宝級の刀剣にまで及ぶように、自己対象も、かならず人間とは限りません。コフートが自己対象を人間に限定せず、わざわざ自己対象などと呼んだのも頷けるところです。

コフートはそうした自己対象をとおして心理的に充たされる体験、彼風にいえばナルシシズムが充たされる体験のことを自己対象体験と呼びました。たとえばバスケの試合で活躍してチームメートから「おまえ、やるじゃん」と褒められた体験や、ソーシャルゲーム

## 図3｜コフートの理論を用いた整理

### 鏡映自己対象

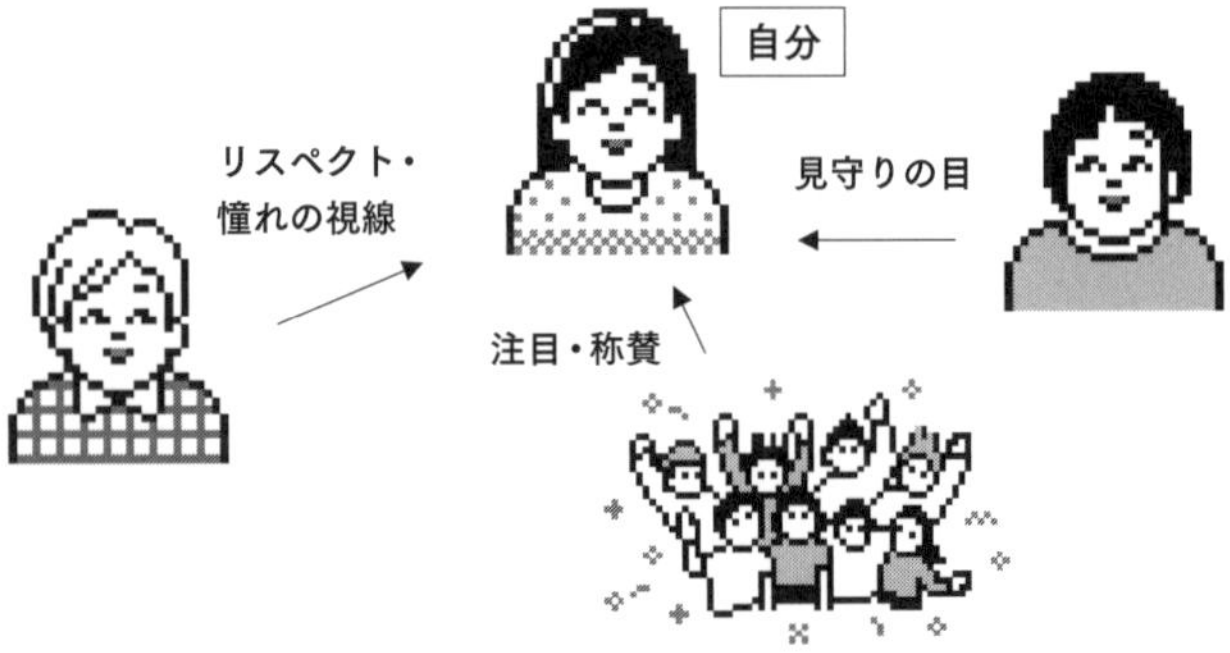


承認欲求を充たしてくれる対象それぞれは、コフートの言葉でいえばちょうど鏡映自己対象に当てはまる。鏡映自己対象体験を通してナルシシズムが充たされる。

### 理想化自己対象

所属欲求を充たしてくれる対象それぞれは、コフートの言葉でいえばちょうど理想化自己対象に当てはまる。理想化自己対象体験を通してナルシシズムが充たされる。

のキャラクターに「ダーリン、今日も頑張っていますね」と言われて嬉しくなった体験は鏡映自己対象体験と言えるでしょう。また、「推し」がライブでキラキラしているのを応援して気持ちがアガっている体験や、吹奏楽部の憧れの先輩の演奏に惚れこんでいる時の体験は、理想化自己対象体験と言えます〔図3〕。

マズローは人間のモチベーション源として承認欲求や所属欲求を分類しましたが、それらに熟練度があり、うまい人もいれば下手な人もいる点については踏み込んだ研究をしていません。せいぜい、メンタルヘルスに問題のある人には自分の欲求段階説はうまく当てはまりませんよ、というお断りをしているぐらいです。

一方、自己愛パーソナリティという、ナルシシズムを充たす熟練度が足りてない人々を主なクライアントとし、そういうクライアントの問題点を研究したコフートは、承認欲求や所属欲求を充たす熟練度、彼自身の言葉でいうなら鏡映自己対象体験や理想化自己対象体験の上手い下手に注目をしました。ここまで私が書いてきた承認欲求や所属欲求を充たす熟練度の話、上手い下手の話の正体は、マズロー自身が語ったことではなく、このコフートが語ったナルシシズムの熟練度の話をかみ砕いたものだったのです。

コフートは、鏡映であれ理想化であれ、自己対象をとおして心理的に充たされる体験には**熟練度の違いや成熟の度合いがあって、慣れていなくて人生がなかなか難しくなっている人を自己愛パーソナリティ、ひらたくいえばナルシスト**だとみなしました。ナルシストといって世間的に想像しやすいのは、褒めてもらいたがりなタイプや出しゃばりなタイプ、傲岸不遜《ごうがんふそん》で周囲を見下しがちで「自分は特別扱いされて当然」と思っているタイプでしょう。確かにそういう人は承認欲求を充たすのが下手な人、鏡映自己対象体験をとおしてナルシシズムを充たす際になにかと角が立ってしまう人と言えます。でも、コフートが考えたナルシストはそれだけではありません。褒めてもらいたいけれども拒否されて傷付くのが怖くて引っ込み思案な人も、「推し」を推したり誰かをリスペクトしたりするのが苦手でトラブルが絶えない人も、それはそれで理想化自己対象をとおしてナルシシズムを充たすのが苦手な人、つまりナルシストと考えたのです。

コフートを理解するうえでとても重要な点なので、一度箇条書きにしてみましょう。

・ソーシャルな欲求を充たしてくれる対象を、コフートは自己対象と呼んだ。

・承認欲求を充たしてくれる対象は鏡映自己対象、所属欲求を充たしてくれる対象は理想化自己対象。

・鏡映自己対象と理想化自己対象、それぞれをとおしてナルシシズムを充たすには熟練度の違いや成熟の度合いの違いがある。熟練度や成熟の度合いによって、ナルシシズムを充たす上手い下手、ひいては技能習得や人間関係をつくる上手い下手がある。

・ナルシシズムを充たすのに慣れていない人、うまくない人をコフートはナルシストとみなした。出しゃばりやVIP気取りの人だけでなく、傷付くのが怖くて引っ込み思案な人や「推し」を推したり尊敬したりするのが苦手な人も、それはそれでナルシストと言える。

もし、この本を読んでいて用語を忘れたりコフートが何を言っていたのか思い出したくなった時には、このページに戻ってきておさらいするといいように思います。マズローとの互換性でいえば、承認欲求を充たしてくれる対象が鏡映自己対象で、所属欲求を充たしてくれる対象が理想化自己対象、と覚えておけば理解しやすいかもしれません。

## 「推し」に慣れるとはどういうことか

では承認欲求や所属欲求を充たし慣れていくこと、つまりコフートの用語でいうなら鏡映自己対象体験や理想化自己対象体験の熟練度が高まり、ナルシシズムが成熟していくには何が必要でしょうか。

コフートは、**人間は生涯かけてナルシシズムを充たす必要があり、その充たす上手さは成熟していく**、と考えていました。とはいえ、その成長はすべての年齢で一律ではなく、最も重要な〝旬の時期〟がある、とも述べていました。彼の著書によれば、鏡映自己対象を介したナルシシズムの充足（＝鏡映自己対象体験）はだいたい2〜4歳ぐらいに、理想化自己対象を介したナルシシズムの充足（＝理想化自己対象体験）は4〜6歳ぐらいに、どれだけ体験を積み重ねられたのかが重要な〝旬の時期〟があるのだそうです。逆に、ナルシシズムの成熟に何か問題のある人、マズロー風に言い直すなら承認欲求や所属欲求を充たすのが上手ではない人は、この時期のナルシシズムの充足が不足気味だった可能性が高そうです。

ところで、ナルシシズムの成熟の〝旬の時期〟以前に問題があったらどうなってしまうのでしょうか。同じ著書のなかでコフートは、一層重大なメンタルヘルスの問題が起こってしまい、それは自分のナルシシズムの理論では完全には取り扱えない、といったことを書いています。これは、精神医療に携わっている人ならそうかもしれないと思えるものではないでしょうか。親の対応に問題があったのであれ、子の発達障害的な特性が強すぎて対応が難しかったのであれ、乳児期の生育環境に大きな問題のあった人のメンタルヘルスが脆《もろ》かったり人間関係やモチベーションのコントロールが不安定だったりするのはよくみられることです。たとえば生まれながらに虐待を受けてきた人などはコフートの理論が十分に当てはまらない可能性が高い、とみておいたほうが良いかもしれません。

ただし、コフートのお弟子さんたちはもう少し広く考え、ナルシシズムの成長はもっと幼い頃からスタートしている、ともみています。幼児発達の専門家の主張や昨今の乳幼児研究の内容と照らして考えるなら、乳児期から親子のコミュニケーションは始まっているはずですし、それがナルシシズムの成熟、ひいては自己対象を介してナルシシズムを充たす最初期の経験になっているとみてもおかしくないでしょう。

こうした「何歳ぐらいの時期が一番肝心なのか」は学術的には重要なポイントかもしれませんが、ここでは深入りしません。どちらにせよ、コフートが幼い子ども時代をナルシシズム成熟の〝旬の時期〟とみて、その頃の鏡映自己対象体験や理想化自己対象体験を大切だとみていたのは間違いありません。

幼少期に鏡映自己対象として体験される人、その最たる人物は母親（や母親的役割を受け持つ人）です。幼い子どもにとって、抱っこしてくれること、自分のことを見つめてくれ、世話してくれること、自分を愛してくれることは、どれも鏡映自己対象体験の最も原始的な、そして濃密な体験です。また、幼少期に理想化自己対象として体験される人、その際たる人物は父親（や父親的役割を受け持つ人）です。ここでいう父親的役割を引き受けてくれる人とは、理想やロールモデルを引き受けてくれる人なので、女の子にとっては母親がその役割になる（そして父親の側が鏡映自己対象となる）こともあり得るでしょう。この年頃に体験される理想化自己対象体験も、最も原始的で濃密な体験だと言えます。

この、幼い頃の原始的で濃密な体験の経験と蓄積が、ナルシシズムの成長にとって要になるとコフートは言っていたのですが、この時期を逃したらナルシシズムが成長しないわけでも、この時期だけナルシシズムの充足が必要なわけでもありません。ナルシシズムは生涯にわたって成長し続けますし、中年や高齢者も承認欲求や所属欲求を充たしたがることが示しているように、年を取った後もナルシシズムを充たすニーズはゼロにはなりません。

現在の私たちが常識的に考えた時、中年や高齢者になっても承認欲求や所属欲求を充たしたがること、ナルシシズムを充たすニーズが残っていることは自然に思えるかもしれません。でも、昔はそうとも限らなかったのでした。たとえば精神分析の創始者であるフロイトは、ナルシシズムを充たさなければ気が済まないのは成熟していないと考えましたが、コフートはそれに異論を唱えたわけです。

高齢者だって褒められれば嬉しいし、「推し」を推すのも若者だけとは限りません。そのことを思えば、ナルシシズムの理解、ひいては承認欲求や所属欲求を充たしたがる性質の理解については、私はコフートの考えのほうが実地に合っているように思えます。

でも困ったことに、**現代社会ではこうしたコフートの語ったとおりのナルシシズムの成長が難しくなっている**ように思われるのです。

## ナルシシズムの成長が難しい家庭環境

さきほど私は、承認欲求側のナルシシズムの成長には鏡映自己対象として体験される母親的な人物が、所属欲求側のナルシシズムの成長には理想化自己対象として体験される父親的な人物が必要、と書きました。幼い頃に、抱っこしてくれたり見つめてくれたり世話してくれたりする人や理想やロールモデルを引き受けてくれる人がいて、その人たちを自己対象としてナルシシズムが充たされる、気持ちが充たされる経験が大切とも言い換えられるでしょう。

しかし、このコフートが描いたモデルどおりの子育て環境、ひいては家庭環境が今、どれだけあるのかと言われたら、さてどうでしょう？　私にはそれが結構難しくなっているようにみえます。その難しさも含め、もう少し説明をしてみます。

この時期の幼い子どもにとって、父や母はどんな自己対象にみえるでしょうか。幼児期の記憶が残っている人は思い出せるでしょうけど、まだ身体が小さく未熟な子どもにとって、大人の自己対象はほとんど巨人のように大きく、力強く、なんでもしてくれる対象です。この時期の子どもの認知機能や感覚器官はまだそれほど発達しておらず、知識も無いため、小中学生でも気付ける程度の欠点もまだみえません。ですからこの頃の鏡映自己対象や理想化自己対象は、まったく欠点の見当たらない、神やスーパーマンのような自己対象として体験されます。

私自身の記憶を振り返っても、これがそうだろうなと思える4歳の時の記憶が残っています。その記憶は、父親についてイメージを浮かべたもので、そのイメージとは、父親が特撮ヒーローなどに囲まれ、その中心で手を広げているイメージでした。そんなイメージの記憶が残るぐらいには、当時の父親は私にとって理想化自己対象として、それも欠点の見当たらない理想化自己対象として体験されていたのでしょう。

でも、自己対象の欠点がみえないのは短期間でしかありません。成長し、父親のことを色々と知るようになると、私も父親をそのように理想化できなくなっていきました。母親についても同様です。それは健全なことですし、誰もが経験することでしょう。やがて子どもは、パーフェクトな鏡映自己対象／理想化自己対象として体験されていた母や父、そのほかの養育者たちがパーフェクトではないことに気付き、褒めてくれたりロールモデルを引き受けてくれたりするといっても条件付きだったり部分的だったりすることを知っていくでしょう。コフートは、こうして欠点のみえなかった自己対象に成長とともに適度に幻滅していく体験が積み重なれば、欠点のある自己対象をとおしてもナルシシズムが充たせるように少しずつ変わっていき、それにともなってナルシシズムも成長する、と考えました。幼少期がナルシシズムの成熟の〝旬の時期〟なのは、認知機能や感覚器官の発達とともに自然とそれが進行しやすい時期だからです。

ところが今、これが簡単ではなくなってきています。

いまどきの家庭は核家族が多く、母子家庭や父子家庭も珍しくありません。現代社会では、母や父が自己対象としての役割を引き受けられない時、祖父母や地域の大人がそれを代行してくれる家庭が少なくなっています。本当は母親に抱っこしてもらいたかった・よしよししてもらいたかったのにしてもらえなかった（＝鏡映自己対象としての役割を引き受けてくれなかった）、本当は父親の良いところがみたかったのに、母親がイライラして私に八つ当たりしている時にも父親が私を守ってくれなかった（＝理想化自己対象としての役割を引き受けてくれなかった）、等々の経験は起こりやすくなっているのではないでしょうか。

そんな、早すぎる幻滅を招きそうな状況でも、すぐそばに自己対象を引き受けてくれる別の人がいるなら話は別です。たとえばおばあちゃんやおじいちゃんの部屋が両親がイマイチな時の避難場所になっていたり、近所の大人が「かあちゃんは今日は調子悪いんだよ、かわいそうだったね」と声をかけてくれたりするかどうかは重要です。そうやって代わりに自己対象として体験され得る人がいれば、母や父が自己対象として機能不全になっている時間があっても、過度な幻滅になってしまわず、適度な幻滅で済むかもしれません。

コフート自身も、母や父以外の親しい人、たとえば祖父や祖母が子ども時代の自己対象として機能する可能性、承認欲求を充たしてくれたり理想やロールモデルを引き受けてくれ、ナルシシズムの成長の助けになる可能性について触れています。だとすれば子ども時代に自己対象として体験される人は少ないよりは多いほうが良いはずです。

でも、今日の核家族ではそれが難しいのです。お盆と正月以外は祖父母と会わない家庭も多いでしょうし、ご近所付き合いが希薄で隣家との接点がほとんどない家庭も多いでしょう。もし、子どもにとって実質的な自己対象が両親だけに限られる場合、どちらかの親が不在だったりどちらかの親がメンタルヘルス等の不調で自己対象としての機能を果たせないとしたら、子どものナルシシズムを充たしてくれる人、ひいては子どものナルシシズムの成長に役立ってくれる人はもういません。自己対象としての両親に適度な幻滅ではなく過度な幻滅が起こってしまうと、子どもは親を自己対象として体験するのをあきらめ、それでも死んでしまったりするわけではありませんが、そのかわり〝旬の時期〟のナルシシズムの成長を逃してしまい、そこでナルシシズムの成長は停滞することになります。

保育士が自己対象を引き受けてくれるのでは？　と指摘するかたもいらっしゃるでしょう。ある程度はそうかもしれません。ただ保育士には年度が変わると担当が変わってしまうこと、親のクレームや要求には逆らいづらいこと、一度にたくさんの子どもを相手にする職業で一対一の対応には限界があること等々、制約や限界もあります。これは学校の先生も同様です。両親が自分たちの教育方針を絶対とみなし、保育士や先生を軽蔑し、子どもが自分たち以外の大人を自己対象として体験することを好ましく思っていないほど、この問題は深刻になり得ます。そのように考え、振る舞う両親が、子どもにとって良き自己対象として家庭で振る舞えているさまを想像するのも、なかなか困難です。

## 承認欲求や所属欲求を積み上げるのは現代人には難しい

こうしてナルシシズムの成長の〝旬の時期〟を振り返るに、現在の日本社会は幼い頃の鏡映／理想化自己対象体験、それと〝適度な幻滅〟を経験しながらナルシシズムを成長させていくプロセスがとても難しくなっているようにみえます。いまどきの子育てが大変な理由はたくさんありますが、この、ナルシシズムの成長にとって一番重要な時期の自己対象としての役割がほとんど親だけにかかっていることも、その理由のひとつだと私は思います。昔は「親は無くとも子は育つ」と言ったものですが、今の社会は運動能力や勉強だけでなく、ナルシシズムのような心理的成長まで、親次第、または親子関係次第にかかっているのです。

こうした親次第、親子関係次第という考え方は、特に20世紀の中頃に拡大解釈され、子どもの心理的な成長が不出来だったのは親のせい、とりわけ母子関係のせい、としばしば言われたものでした。しかし冷静に考えればそれだけが原因であるはずがありません。もっと昔なら、幼い子ども時代に自己対象として体験される人、よしよししてくれたり褒めてくれたりロールモデルになってくれたりした人が親以外にも複数いたはずだったのが、核家族化や地域社会の消滅によって子ども時代の自己対象に占める親の割合が異様に大きな社会に変わってしまったのですから。そもそも、親のせい、母親のせい、などとみんなが考えてしまうこと自体、子ども時代に褒めたりよしよししたりロールモデルを引き受けてくれたりする人が親以外にいなくなってしまったことの反映でもあるでしょう。

母子関係はそれ単体で良し悪しを論じるべきものでなく、母親が置かれた環境がどうであったか、夫婦関係がどうであったか、等々に左右されるものでもあったはずです。母子関係が子育てにとって重要なのはそのとおりだとしても、その母子関係自体、母親だけのせいで決まってしまうものではないのです。

また、コミュニケーションに特有の難しさのある自閉スペクトラム症や、落ち着きがなかったり不注意だったりする注意欠如多動症といった、発達特性の偏りが子ども自身にあった場合も、親が子どもの自己対象を引き受ける難易度は高くなってしまうでしょう。そうした場合、親が子どもの自己対象を引き受けられなかったのは親のせいなのか、それとも子どもの発達特性が難しすぎたためなのか、簡単には区別できません。発達障害の人はそうでない人に比べて二次的にパーソナリティの偏りを来す人が多いといいますが、それが親のせいなのか、子ども自身の発達特性のために親の子育て難易度が高かったせいなのか、すっきりした答えを出すのは難しいように思われます。

ナルシシズムの成長の〝旬の時期〟を通過し、小中学生になった後も鏡映／理想化自己対象と出会って、承認欲求や所属欲求を充たし慣れていくのはそれほど簡単ではありません。もし、年上の兄や姉、スポーツ少年団の先輩などのうちに、評価してくれる人や面倒をみてくれる人、ロールモデルになってくれる人が見つかるなら幸いですが、いまどきはきょうだいの数が少なくなっていますし、スポーツ少年団などに参加できるかどうかは親の金銭次第、教育方針次第です。第3章で紹介しますが、同級生の友達や部活の先輩なども、学齢期から先の自己対象としてあてにできるでしょう。でも、友達や先輩に恵まれなかったら、この限りではありません。

コフートの理論立てと現代社会の実態を照らし合わせると、現在の日本社会は親の良し悪し以前に、社会の構造や家庭の構造からいって子どものナルシシズムが成長しにくい、子どもが親以外の自己対象に出会いにくい社会と考えられます。そんな社会で生まれ育っている私たちがコフートのいうナルシスト、つまりナルシシズムを充たすのがあまりうまくない、**承認欲求や所属欲求を充たすことに不器用さを持ち合わせた人物に育ってしまいやすいのは、異常というより自然なこと**でしょう。

次章では、そんな誰もがナルシストになってしまいやすい社会、親以外の自己対象にあまり出会えない子ども時代を過ごさざるを得ない社会でキラキラしている、あの自己対象についても考えを広げてみます。

この第2章の後半を読んで、こう思ったかたも多いのではないでしょうか——親以外の自己対象は減ったかもしれない。でも、世の中にはキラキラしているキャラクターがたくさんいて、そのキャラクターが自己対象になってくれるじゃないか、と。

確かにそうです。「推し」のキャラクターなどはまさに理想化自己対象、そして欠点がみえないし欠点をみせてもいけない、そんな理想化自己対象です。人間の自己対象が少なくなる一方で、ディスプレイの向こう側、想像の世界に自己対象が溢れかえっているのが現代社会だとしたら、私たちはそれをどのように考え、付き合っていくのが好ましいでしょうか。

第3章

# 「いいね」と「推し」に充たされ、あるいは病んで

## 自己愛パーソナリティの時代と成熟困難

## ナルシシズムを病的とみる時代から、当たり前とみる時代へ

第2章では、承認欲求や所属欲求を充たす熟練度を説明するために、コフートという精神科医がまとめたナルシシズムとその成長について紹介しました。鏡映自己対象、理想化自己対象という言葉がまだ聞き慣れないかもしれませんが、

・鏡映自己対象とは、マズロー風にいえば承認欲求を充たしてくれる対象。
・理想化自己対象とは、マズロー風にいえば所属欲求を充たしてくれる対象。
・どちらの自己対象も、コフートでいえばナルシシズムを充たしてくれる。そして適度な幻滅をとおしてナルシシズムは育っていく。その〝旬の時期〟は幼少期。

ここまで覚えていらっしゃるなら、とりあえずは大丈夫です。

その第2章では、現代の家庭では子ども時代に親以外の自己対象に出会いにくく、ナル

シシズムの成長が難しくなっている、とも書きました。コフートが有名になっていった1970～80年代には、そうしたナルシシズムの成長困難は病的なパーソナリティと捉えられがちで、自己愛性パーソナリティ障害という言葉が流行し、その名前は今日でもアメリカ精神医学会の診断の手引きに残っています。ですがそれから四半世紀以上経った今、精神科や心療内科で自己愛性パーソナリティ障害と診断される人は滅多にいませんし、ナルシシズムの成長が〝旬の時期〟にあまり進まなかった人をことさらに異常視する人も少なくなりました。

私も、ナルシシズムの成長が難しくなり、承認欲求や所属欲求を充たすのに不慣れな人がたくさんいるからといって、それを悪く言ってもしようがない、という気持ちでいます。そういう時代・そういう社会に育った以上、そういう人間ができあがるのは異常ではなく必然です。それより、誰もがコフートのいうナルシスト的な側面を持ち合わせているいまどきの社会はどんな社会で、その社会ならではのナルシシズムの充たし方はどんなもので、どんな課題があるのかに、私は関心を持ちます。また、そんな社会で私たちはどうナルシシズムを活かせるのか、そんな社会のなかでもナルシシズムを多少なりとも成長させ、自分自身の幸福戦略に組み込むことができないものか、私としては考えたいし、伝えたいのです。

この第3章では、そんないまどきのナルシシズム事情のなかでも、（架空の存在だけでなく、インフルエンサーや芸能人なども含めた）キャラクターが果たす役割とその問題点について解説してみます。

## それでも「いいね」と「推し」があるじゃないか

生身の人間を自己対象として体験するチャンス、特に幼い子ども時代に〝適度な幻滅〟を経験しつつナルシシズムを充たし、それを成長させていくチャンスが減ったのは第2章で述べたとおりです。

それとは対照的に、現代社会にはその〝適度な幻滅〟を経験できなかった人でも自己対象として体験しやすいような、または承認欲求や所属欲求を充たすのが不得手の人をも心理的に充たしてくれるような、そんなキャラクターがそこらじゅうに売られています。

第1章で紹介した「萌え」や「推し」もそうだと思いませんか。私は学生時代から、いわゆるオタク界隈に慣れ親しみ、ゲームやアニメと付き合い続けてきましたが、たとえばかわいい女性キャラクターに「萌え」ていたオタクたちは、萌える対象のキャラクターを自分のことを受け入れてくれる女性として、自分にとっての鏡映自己対象としてしばしば体験していました。「俺の嫁」という言葉が併せて流行ったのもその反映ですし、だからでしょう、「萌え」向けにつくられている作品のキャラクターに受け入れがたい欠点が見つかると、オタク界隈ではたびたび騒動になったものです。

と同時に、「萌え」キャラクターのなかには理想化自己対象としての役割も引き受けているものが珍しくありませんでした。たとえば精神科医の斎藤環《さいとうたまき》が『戦闘美少女の精神分析』という本で紹介した戦う美少女（戦闘美少女）たちは、強さ・気高さ・崇高さ・特別な能力等々といった、理想化自己対象らしい特徴を持つと同時に、「俺の嫁」的な鏡映自己対象らしい特徴をも持ち合わせていました。コフート的にいえば、こうした戦闘美少女は理想化と鏡映の両方の自己対象としての機能を兼ねていて、しかも欠点がみえない自己対象、ナルシシズムの熟練度が高くない人でも自己対象として体験可能なキャラクターたちでした。

「萌え」が広まっていった90年代から00年代にかけては、男性オタクたちが女性キャラクターに愛してもらうことと理想を引き受けてもらうことの両方を同時に充たすノウハウを蓄積し、そのようなキャラクターをつくり、流通させ、体験することに慣れていった時代でした。ちなみに女性オタクたちはそれよりずっと前から、「やおい」をとおして男性キャラクターに鏡映自己対象と理想化自己対象の両方を引き受けてもらうことを知っていましたから、男性オタクたちが特別に先進的だったわけではありません。ともあれ、そうしたキャラクターを自己対象として体験するノウハウが蓄積されると同時に、オタク界隈の作品やキャラクターがサブカルチャーの本流になるにつれて、そうしたノウハウはより多くの人々に広まっていきました。

ＳＮＳやスマホが普及していく２０１０年前後になると、今度はたくさんの人が「いいね」を欲しがり、既読スルーなどに一喜一憂するようにもなりました。さて、ここでおさらい問題。「いいね」をつけてくれる人はマズロー風にいえば承認欲求を充たしてくれる人になりますが、これを、コフート風に言い表すならなんと呼べばいいでしょうか？
答えは鏡映自己対象、ですね。「いいね」をたくさんつけてもらえてうれしく感じている時、「いいね」をつけてくれる人や、投稿についた「いいね」の数は、鏡映自己対象として私たちには体験され、ナルシシズムが充たされます。

ただし、これも不慣れな人には難しい体験だったりします。日常生活で承認欲求を充たされ慣れている人にはどうってことのない「いいね」でも、慣れていない人には重たい体験、案外付き合いにくい体験です。慣れていない人のなかには、たちまち「いいね」の虜《とりこ》になってどんどん欲しがり過ぎてしまう人、既読スルーを深刻に受け止め過ぎてストレスになってしまう人もいます。時折、「いいね」欲しさに訴訟になりかねない投稿をしてしまう人を見かけますが、そうした人の問題点はネットリテラシーが低いだけでなく、「いいね」慣れしていない点にもあるかもしれません。

そしてSNSがもっと定着した2010年代後半からはリツイートやシェアの時代、それと「推し」の時代がやってきました。キャラクターに鏡映自己対象としての役割を第一に期待する「萌え」と違って、「推し」は理想化自己対象としての役割を第一に期待するものですから、鏡映自己対象としての役割まで併せ持っているとは限りません。そのかわり、オタク界隈に限定されていた「萌え」よりはるかに大規模な推し活が起こるようになり、しかも多種多様な推しキャラクターが供給されているので、理想化自己対象をとおしてナルシシズムを充たす熟練度があまり高くない人でも、自分のお気に入りの「推し」に巡り合うのは比較的簡単になりました。

とはいえ、推し活も不慣れな人には案外難しい体験です。認知機能や感覚器官が未熟だった頃の親のような、欠点のみえない理想化自己対象として「推し」をだいたい体験できるとしても、ときには小さな欠点が露呈したり、好きになれない言動を耳にしたりする場面があるかもしれません。特にインフルエンサーやアイドルといった実在の「推し」を推している人にとって、それがスキャンダルに発展したり、推し活をしていたはずが怒りや憎しみを抱いてしまう一因になったりするかもしれません。

実在の人間か、それとも架空の存在かは別にして、このように現代社会にはオンライン経由でキャラクターとしての自己対象に巡り合い、承認欲求や所属欲求を充たす、ひいてはナルシシズムを充たす仕組みがビジネスに完全に組み込まれています。日常生活のなかだけでは自己対象が足りず、ナルシシズムも充たしきれない人たちにとって、そうしたキャラクターたちの存在は重要で、たとえば推し活を生きがいと感じている人も多いでしょう。しかし、キャラクターとしての自己対象が溢れ、当たり前のように消費されていることの社会もそれはそれで簡単ではないのです。

## 承認願望に病んだのか、それとも「推し」が足りなかったのか

スマホやSNSが普及していった時、いやガラケーやmixiの時代から、既読スルー問題は重たい問題とみなされ、「いいね」がもらえるかもらえないかを巡って一喜一憂する人がいました。承認欲求を充たせるはずの「いいね」でしたが、実際にはモチベーション源として肯定的に語られることは多くなく、むしろトラブルの源として、言動がオーバーになったり依存的になったりする厄介者のように語られることが多かったのでした。

このことからも、承認欲求、ひいては鏡映自己対象体験をとおしてナルシシズムを充たすのがうまくいかない、うまくない人が結構な割合で存在していたと想像されます。

もちろん「いいね」に振り回されるのは不健康ですし、それで段々書き込みが過激になった結果アカウントが凍結されたり、訴訟に巻き込まれたりするのはうまくありません。既読スルー問題などで人間関係に悩むのもストレスですし、ひどければメンタルヘルスにも影を落とすでしょう。

では、そういった人々は「いいね」がもっと足りていれば良かったのでしょうか？　もちろんそういう場合もあるでしょう。たとえば幼少期の経験からいってナルシシズムの成長が十分に進んでいた人でも、歳を取るにつれて孤立してしまい、鏡映自己対象が周りにまったくいなくなってしまえば、「いいね」に飢え、鏡映自己対象として体験できる人やキャラクターに対して甘くなってしまうことはあるかもしれません。そういう時に親身になって相手をしてくれる訪問販売員が現れたりすると、若い頃は分別のあった人でもまんまと高額商品を買わされてしまうことがままあります。

それともナルシシズムの成長の〝旬の時期〟に鏡映自己対象体験をあまり体験できず、

〝適度な幻滅〟を経ることができなかったから、承認欲求に振り回されやすくなってしまったのでしょうか？　これもあり得るパターンです。幼い子ども時代に親のことを鏡映自己対象としてあまり体験できず、鏡映自己対象をとおしてナルシシズムを充たすのが不慣れなまま大人になってしまった人にとって、「いいね」とは、充たしたいけれども本当に欲しがって構わないのかわからない、でもいざ欲しがってしまうと子ども時代並みにたっぷり欲しがってしまいそうな、欲しがり加減の難しいものです。

でも、この二つのパターンだけでもないように、私には思われるのです。どういうことかというと、「いいね」をはじめとする**承認欲求で悩んでいる人の正体が、本当は所属欲求を充たす機会の乏しい**（第２章でいう）**ナルシシズムの「片翼飛行」というパターンもあるのではないでしょうか。**

「いいね」に一喜一憂する人は、自分が褒められたり評価されたり注目されたりしているかに気を揉んでいます。コフート風に言い直すと、インターネットの向こう側の人が鏡映自己対象の役割を引き受けてくれ、自分のナルシシズムを充たしてくれるアクションをとってくれるかどうか、気にしているわけです。ですが、「推し」を推している時には、自分が褒められたり注目されたりしてないか気にしている人・「推し」ばかり注目されていることを苦にする人はほとんどいないでしょう。「推し」を推している時の私たちは「いいね」のことなんてすっかり忘れて、「推し」がみんなに推されてキラキラしているのを見て、元気になったり勇気付けられたりしていますよね？

阪神タイガースを熱心に応援している阪神ファンが、タイガースが気持ち良く勝った日に自分の承認欲求を気にするとは思えません。同じく、「推し」がライブハウスで輝いていて、その「推し」を取り囲んで他のファンと一体感をシェアしている人が、そのとき自分の承認欲求を気にするとも思えません。ナルシシズムを充たす経路はひとつではないわけですから、「いいね」でトラブっているのは、承認欲求、ひいては鏡映自己対象をとおしたナルシシズムの充足が足りていないだけが原因ではなく、所属欲求、ひいては理想化自己対象をとおしたナルシシズムの充足が足りてないこともあり得るのではないでしょうか。

コフートの著書には、自己愛パーソナリティに悩んでいるクライアントを治療した際、彼がこのパターンに気付いていたとされるケースが登場します。鏡映自己対象を求めているけれども引っ込み思案で、でもいざカウンセラーとしてのコフートを鏡映自己対象と期待してしまうとつい求めすぎてしまい、幼少期に体験したかったけれども体験できなかった欠点のみえない自己対象であって欲しいと期待してしまうクライアントを治療していた時、はじめコフートは「この人は鏡映自己対象経由でナルシシズムを充たすのがうまくない」とみてとりました。

ところがその解釈でカウンセリングを続けてもなかなか進展がみられません。それでもカウンセリングを続けていくなかでコフートは、このクライアントは理想化自己対象経由でナルシシズムを充たすのも苦手で、幼少期の父子関係がぜんぜん駄目だったこと、問題としてはそちらも大きかったことを見つけていったのでした。

このコフートのクライアントのケースは、**「いいね」や承認欲求でこじれている人の正体が、本当にそちらだけの問題なのか、所属欲求、ひいては理想化自己対象経由でナルシシズムを充たすほうにも問題があるのか、**考えてみる価値があることを示しています。「いいね」でトラブっている人は、案外、「推し」が推せない問題も抱えているかもしれません。

## 承認欠如ゆえの「推し」への熱狂

「いいね」でトラブルになってしまう人の正体が所属欲求や理想化自己対象をとおしてのナルシシズムの充足が上手ではないためかもしれない……と考えるなら、「推し」への過剰な思い入れからトラブルになってしまう人も、「ナルシシズムの片翼飛行のせいじゃないか」と疑ってみたくなりませんか。

「推し」を推すのが下手な人にもいろいろあります。推し活をしている時に厄介なファンになったり独善的になったりする人がわかりやすく、いかにも深刻ですが、実際にはもっと身近なパターンがあるように思われます。身近なパターンとしては、自分が所属する部活のためと称して他の部員に厳しすぎることを言ってみたり、会社のためと称して部下にスパルタ教育というよりパワハラ教育をしてしまったりする人もそのなかに入ります。いずれも、マズロー風にいえば所属欲求のこじれている人、コフート風にいえば理想化自己対象経由でナルシシズムを充たすのが下手な人、ということになります。

でも、先程の「ナルシシズムの片翼飛行のせいじゃないか」論法で考えるなら、そこまで理想化自己対象経由でナルシシズムを充たさなければならないのは、鏡映自己対象経由でナルシシズムを充たすのがぜんぜん駄目で、そちらの熟練度もぜんぜん成長していなかったから……ってことはないでしょうか。

実際、「推し」の推し加減で失敗している人や、より欠点のみえない理想化自己対象でなければ気が済まない人を観察していると、**承認欲求を充たせる場面が少ない人、鏡映自己対象経由でナルシシズムを充たすのに不慣れな人を結構な割合で見かけます**。考えてみれば、自分自身が承認欲求をそこそこ充たせていて、ある程度満足しているなら、「推し」や所属欲求にそこまで激しく入れ込まなくてもナルシシズムを充たせるあてはありそうに思えます。

こうして考えてみると、承認欲求と所属欲求、ひいては鏡映自己対象と理想化自己対象は、境目が不明瞭な印象を受けないでしょうか。定義からいえば、鏡映自己対象は自分を肯定的に見つめてくれる人や対象、自分を大事にしてくれたり世話してくれたりする人や対象、理想化自己対象は自分が肯定的に見つめる人や対象、自分が推したり理想視したり誇りに思ったりする人や対象となるでしょう。でも、ナルシシズムを充たしてくれる自己対象という点では両者は共通していますし、自分以外の他者との間になんらかの一体感が感じられる時にナルシシズムが充たされる点も共通しています。そして、自分以外の他者（ときには何か）が介在してはじめて充足可能なソーシャルな欲求という点も共通です。

でもって、両方の性質を兼ね備えている自己対象だってありますよね。さきほど紹介した戦う美少女（斎藤環のいう「戦闘美少女」）は、萌えるオタクたちにとって「俺の嫁」的な鏡映自己対象であると同時に、強さや崇高さや勇ましさを体現する理想化自己対象でもありました。こうしたことはオタクに限らずあるものです。例として挙げやすいのは、自分が所属したくてたまらなかった集団やグループなどがそれにあたるでしょうか。

あなたが以前から加入したくて仕方が無かった、とあるエリートクラブがあり、念願かなって所属が認められたとしましょう。このとき、エリートクラブは所属を許すというかたちであなたを一員として認めているわけですから、その承認をとおして承認欲求を充たし、鏡映自己対象として体験されています。加えて、あなたがそのエリートクラブを誇らしいと思っている限り、クラブは所属欲求をも充たしてくれている、つまり理想化自己対象としても体験されています。

考えてみれば、こうしたマルチプルな自己対象はそれほど珍しくありません。尊敬し合っている夫婦、強い信頼で結び付いている友人グループや職業集団もそうでしょう。承認欲求を充たし合い、所属欲求をも充たし合えるソーシャルな関係は確かに存在しますし、そうした関係を維持するためのルールやマナーや諺が世の中にはたくさんあります。「親しき仲にも礼儀あり」などはその一例です。

お互いがお互いにとっての良き自己対象であり続ければ、それは心理的にもソーシャル的にもwin-winです。そのような**win-winの関係が長続きする時、たいていはお互いが鏡映自己対象であり、なおかつお互いが理想化自己対象であるような、そういう関係ができあがっている**ものです。そうした関係のなかにあれば、「ナルシシズムの片翼飛行」に陥ることもなく、「いいね」をSNSで貰う時も、「推し」を推したくなった時も、そこまで暴走することはないでしょう。

## コフートとその弟子たちの自己対象分類

鏡映自己対象と理想化自己対象の境目が実際にはあいまいで、マルチプルな自己対象だってあり得ると書きました。では自己対象とはなんなのか、この機会にもう少し紹介してみたいと思います。

コフートがナルシシズムを充たしてくれる対象としてはじめに紹介したのが、鏡映自己対象と理想化自己対象だったのは先にも触れたとおりですし、自己対象の分類はこの二つだけでも最低限は整理できる、と私は考えています。この二つがマズローの承認欲求と所属欲求にだいたい対応しているのも便利ですね。

でもコフートは病気で亡くなる少し前に、双子自己対象、というものを挙げています。

**双子自己対象とは、自分によく似た対象として体験される自己対象**です。たとえば誰にも言えない悩みを持っていた人が、同じ悩みを持っていた人についに巡り合った時、もしくは遠い異郷の地でたまたま同じ出身地で同じ言葉を話す人に出会った時、一体感やうれしさや心強さを感じられることがあります。そんな具合に体験され、ナルシシズムを充たしてくれるのが双子自己対象です。キャラクターの場合も、自分によく似た性質や属性を持ったキャラクターに親しさや惹かれるものを感じているなら、そのキャラクターは双子自己対象としてあなたのナルシシズムを充たしていると言えるかもしれません。例を挙げると、もしぼっちの人がぼっちキャラに惹かれているとしたら、そのぼっちキャラは双子自己対象として体験されていると言えそうです。

そのコフートの弟子の一人であるアーネスト・ウルフという人が、対立自己対象という、なるほど感のある自己対象を挙げています。たとえば技量や成績を競っているライバルは、ある面では敵です。でもそのライバルのおかげで「私も頑張らないと」と思え、辛いことがあっても練習や勉強がはかどるとしたら、それはそれでスキルアップや成績アップに役立つでしょう。そのうえ、そのライバル関係が一方的なものでなく、ある種の信頼関係に基づいて成立しているなら、これはもう、鏡映自己対象としても理想化自己対象としても体験されているようなものですよね。**ライバルだってナルシシズムを充たしてくれる対象、自己対象として案外重要かもしれない**のです。

とはいえ、これらの自己対象にしても、子ども時代から誰かのことを自己対象として体験し慣れているか、それでナルシシズムを充たし慣れているかどうかが重要です。子ども時代からライバルに恵まれ切磋琢磨し慣れてきた人は、大学生や社会人になってからもそういう人間関係を築きやすく、ライバルをとおしてスキルアップするのが得意な人になりやすいでしょう。双子自己対象、理想化自己対象、鏡映自己対象についても同じです。自己対象を何種類に分類するのかは本当は小さな問題だと私個人は考えています。肝心なのは、より多くのバリエーションの自己対象をとおして心理的に充たされ慣れていること、お互いを自己対象としながら人間関係をつくっていけること、そうしたなかでスキルアップなども果たしていけること、それら全てにいかに慣れているか、です。

コフートは、双極性自己という難しい言葉を使って自己対象のバランス配合についても解説を試みています。これは、精神分析について一定の知識がなければわかりにくい話なので詳しい解説を避けますが、ざっくり要約すれば、鏡映自己対象をとおしてナルシシズムを充たすばかりでも、理想化自己対象をとおしてナルシシズムを充たすばかりでも、バランスが良くないよねという話です。鏡映自己対象をとおしてしかナルシシズムを充たせない人、いわば承認欲求でしか心理的に充たされない人と、さまざまな自己対象をとおしてナルシシズムを充たせる人、いわば承認欲求も所属欲求も心理的に充たされるあてにできる人では、後者のほうが心理的に充たされるチャンスは広く、スキルアップの機会も人間関係を広げる機会も増えるでしょう。

もちろん、生まれながらの性質や育った環境によって、どの自己対象をとおしてナルシシズムを充たすのが得意なのか、その個人差は必ず生じるでしょう。鏡映自己対象をとおしてナルシシズムを充たすのが得意な人は、推され慣れたリーダーやカリスマとして活躍しやすく、理想化自己対象をとおしてナルシシズムを充たすのが得意な人は、そつなく推し活ができたり、より多くの人をロールモデルとし、より多くの人から学べるでしょう。だとしても、どちらか一辺倒ではバランスが悪く、ある程度までは両方の自己対象をとおしてナルシシズムを充たせたほうがバランスが良いのは、コフートも述べたとおりではないかと私も思います。

## 自己愛パーソナリティの時代と成熟困難

ところが第2章の終わりに書いたように、社会も家庭も昔とは違う風になってしまい、いろいろな自己対象をとおしていろいろなナルシシズムを充たす、特に、〝適度な幻滅〟を伴いながら自己対象との関係が続いていくようなナルシシズムの充たしかたは難しくなっています。それについてもう少し補足します。

たとえば現在の子どもは昔の子どもに比べて、塾や稽古事に通っている時間が長く、親と過ごす時間もクラスメートや地域の子どもと一緒に遊ぶ時間も短くなっています。これでは、子どものスケジュール管理が大変になるだけでなく、友達同士で承認欲求や所属欲求を充たし合える時間が少なくなってしまいます。祖父母やおじ・おばと盆正月しか付き合わなければ、そうした人たちも自己対象としてあてにならなくなり、ご近所付き合いが希薄になって「地域の子はみんなの子」から「うちの子はうちの子、よその子はよその子」になれば近所の大人だって赤の他人、自己対象として期待できません。

こうした、大人も子どももスケジュールでがんじがらめになって、親戚付き合いも近所付き合いも最小化した社会は、大人たちにとってある種都合の良い社会です。しがらみが少なくて済む、付き合いに時間をとられることもない、そして自分の子どもの教育方針について他人に口出しされることもプライバシーを侵害されるおそれもない社会。ただし、これらは大人にとって都合の良い話でしかありません。子どもが自己対象に出会っていく機会を尊重している社会ではありませんし、母や父が自己対象として機能できない時に、誰かがセーフティーネット的な自己対象として機能してくれる可能性の高い社会とも言えません。

これに対して、「でも、自己対象になってくれるキャラクターはいるじゃないか」とおっしゃる人もいるでしょう。なるほど、ポケモンやプリキュアなど、いまどきは子ども向けのキャラクターも確かにたくさんあります。しかしキャラクターは基本的に自己対象として完璧さが高く、欠点がみえにくい性質にあります。いえ、キャラクターは完璧さが高いというべきでなく、情報量が少ないおかげでファンにとって嫌な部分が見えにくい、というべきでしょうか。

第2章で、幼い子ども時代の自己対象は認知機能や感覚器官が未熟だから欠点がみえにくい、と書きました。それでいえば、アニメやゲームのキャラクターは実在の人間に比べて情報量が少なく、都合の良い面しかみせないから欠点がみえにくいわけです。もちろん、作中でキャラクターの欠点や弱点とされる特徴が描かれる場合もあるでしょう。けれども商業的なキャラクターに盛り込まれた欠点や弱点はたいてい、そのキャラクターを好む人の差しさわりにならないかたちで、もしくは魅力を強調する一部として描かれがちです。と同時に、そうした欠点や弱点はそのキャラクターを自己対象にしないほうが良い人にそれと伝えるシグナルとしても機能しているかもしれません。キャラクターのうちに気に入らない欠点や弱点を見つけたら別のキャラクターを自己対象として選んでしまえば良いわけですが、ひとつの作品のなかにもたくさんのキャラクターが登場しているので、そのなかから最も自分にとって都合の良い一人を選ぶのは容易です。

こうした**選好を経た自己対象としてのキャラクターは、ナルシシズムの未熟な人にとって都合が良い反面、自分にとって受け入れづらい欠点がみえにくいままだから〝適度な幻滅〟を伴うような自己対象として体験される可能性も期待しにくかったりします**。そのうえ、キャラクターとの間柄は〝一度嫌ってしまったらそれっきり〟になってしまいがちで、〝適度な幻滅〟を伴うような間柄が続くことはあまりありません。

コフートは、ナルシシズムが問題になる時代以前と以後について、こんな風に述べています――以前においては対人関係も、地域などの共同体も接触過多だった、以後においては逆に接触過小になっている、と。

接触過多だった時代とは、子どもも大人も人間関係がとても多く、身近な自己対象の候補がとても多かった時代です。親や祖父母、親族同士のやりとりが多く、地域社会が今よりずっと濃密で、子どもは地域の他の大人や年長者をも自己対象として体験し、ナルシシズムを充たすと同時に技能を学び取りました。そのかわり、接触過多の時代は個人の自由な時間が少ない時代、しがらみが多く、付き合いたくない人とも付き合わなければならない時代でした。コフートもこの時代が楽園だったとは言っておらず、この時代にはフロイトが語った神経症というメンタルヘルスの問題が生じやすかったと指摘しています。

対して接触過小の時代とは、人間関係が少なくなった時代、子ども時代に体験できる自己対象が核家族という狭い範囲に絞られ、親族や地域をとおして幅広い自己対象に出会う見込みがなくなった時代です。近年は親子ですらそれぞれのスケジュールに切り分けられ、親子がお互いを自己対象として体験する機会さえ制限されがちです。

接触過小の時代は「父親不在の時代」でもありました。たとえば単身赴任で父親がほとんど家に帰らないとしたら、理想化自己対象としてであれ、鏡映自己対象としてであれ、父親がそのようなものとして子どもに体験されなくなってしまうでしょう。シングル家庭も大変です。シングル家庭の母にも父にも、理想化自己対象や鏡映自己対象として子どもに体験される余地はもちろんあります。でも、両方を兼ねること、好ましいお母さん役でありつつ好ましいお父さん役であるのは、かなりテクニカルではないでしょうか。子どもを叱らなければならない役割を引き受ける時、それと同時に鏡映自己対象としての役割をも引き受けるのは、一人で同時に引き受けるより二人以上のほうがずっとやりやすいでしょう。家族以外の誰かに〝自己対象の分業〟をやってもらうのは不可能ではありませんが、そのためには親に相応の人間関係があり、なおかつその誰かに自分の子を委ねる度量が備わっていることが条件になります。孤立した親、度量の小さい親ではこれはできません。

## そのくせ褒めてくれるキャラや推しやすいキャラは増えている

　過去のどの時代と比較しても、私たちは身近な誰かを自己対象にしにくい社会で育つようになり、ナルシシズムを充たし合う熟練度の低いままの大人になりやすくなりました。アメリカの歴史学者であるクリストファー・ラッシュは、そうしたナルシシズムが育ちにくく、誰もがナルシストになりやすい時代を『ナルシシズムの時代』という1978年の書籍のなかで批判的に書きました。ナルシシズムの時代は誰もがナルシシズムにとらわれやすく、政治も家族も教育も昔より難しくなっている――それがナルシシズムの時代なのだそうです。

　昨今の政治や家族や教育をめぐる諸問題を思い出したり、重症の精神病が増えていない一方で比較的軽度のうつ病や適応障害（適応反応症）などが増えている昨今の統計を思い出したりすると、確かにラッシュの指摘した諸問題は存在し、ひと昔前の人々に比べて私たち現代人はナルシシズムに飢えやすく、マズロー風に言い直すなら承認欲求や所属欲求でこじれたりトラブったりしやすい人々なのかもしれません。

そうした私たちの、承認欲求や所属欲求、ひいてはナルシシズムを充たしたい気持ちを見透かすかのように、ディスプレイの向こう側には欲求充足に適したキャラクターが数限りなく存在しています。理想化自己対象を経由したナルシシズムの充足が成熟していない人は、身近な上司や先輩を敬愛できなくても、遠くのインフルエンサーやキャラクター、たとえばひろゆき（西村博之《にしむらひろゆき》）なら推せるかもしれません。同じく、実生活では誰にも愛されたいと言えない人でも、疑似恋愛ゲームのキャラクターになら同じ気持ちを差し向け、鏡映自己対象として体験できることはあるでしょう。

資本主義の社会では、需要には供給がすみやかに応え、どんなものでもビジネスの対象になります。心理的に充たされること、ナルシシズムの充足だって例外ではありません。私たちの社会では承認欲求や所属欲求は完全にビジネスになっていて、かつてはキャバクラやホストクラブ、プロ野球やプロレスの興業といったかたちをとっていました。それが今日ではゲームやアニメのキャラクタービジネス、あるいはインフルエンサーのビジネスといった形をとるようにもなり、商品としてパッケージ化された自己対象が広く親しまれています。

今日では、お金さえ用意できればいつでもどこでも、ディスプレイの向こう側に自己対象を見つけ出すことができますし、ディスプレイの向こう側のキャラクターを自己対象として体験する文化が定着してもいます。その際、富豪のようなお金は要りませんし、東京ドームやコミックマーケットにわざわざ出かけなければならないわけでもありません。**ビジネスとして自己対象が大量生産され大量消費される現状を視野に入れるなら、これほどナルシシズムを充たしやすい時代はなかった**とさえ言えるでしょう。

## 「推し」や「萌え」にすがって生きる功罪

今日、承認欲求を充たすための手段はオンラインにもオフラインにもあって、そのなかから自分の得意な活動を選べばいいですし、なんなら無条件に愛してくれるキャラクターを鏡映自己対象として体験したって構いません。理想化自己対象にしても、推し活にお金を費やすも良し、ＳＮＳのリツイートやシェアといった機能を用いて「推し」の人気を後押しするのも良しです。

とはいえ疑問も残ります。

はるか遠くの優れたインフルエンサーやディスプレイの向こうのキャラクターを理想化自己対象として体験できたとしても、それだけでは学校の先輩や職場の上司を理想化自己対象として体験するには至らないでしょう。少なくとも、「推し」を選好する際に欠点のみえない「推し」ばかり選んで、欠点がみえるようになったらすぐに嫌いになってしまうような推し活を繰り返していては、コフートが語ったナルシシズムの成長に必要な〝適度な幻滅〟が「推し」との間柄のなかで体験できません。

無条件に愛してくれるように体験されるソーシャルゲームのキャラクターや、SNS上で「いいね」をつけてくれる誰かにしてもそうです。それで承認欲求が充たされる、そうしたキャラクターや「いいね」が鏡映自己対象として体験されてナルシシズムが充たされる、そのこと自体は良いでしょう。でも、ディスプレイの向こう側の鏡映自己対象は、ディスプレイのこちら側の身近な誰かを鏡映自己対象として体験するための練習相手にはなってくれません。この場合も、ナルシシズムの成長に必要な〝適度な幻滅〟がキャラクターとの間柄のなかで体験できるとはあまり思えません。

である以上、キャラクターを介したナルシシズムの充足では、その熟練度が高まる可能性がほとんど期待できないのです。コフートは、自己愛パーソナリティのクライアントをじかにカウンセリングし、根気強く付き合うことをとおしてナルシシズムの成熟を図りましたが、そのコフートのような役割をキャラクターやインフルエンサーに期待するのは困難です。

いや、コフートのような役割までいかなくても、友達同士や恋人同士の間では〝喧嘩をしても仲直り〟や〝雨降って地固まる〟といったかたちで、〝適度な幻滅〟に相当する出来事が起こることもあるでしょう。しかしキャラクターやインフルエンサーとの間ではそうしたことは起こりにくく、もし気に入らない点が見つかったとしても仲直りや〝適度な幻滅〟に相当する出来事も起こらず、欠点のみえない別のキャラクターやインフルエンサーのほうを向いてしまいがちではないでしょうか。

**この、〝雨降って地固まる〟や〝適度な幻滅〟が発生するかどうかが、自己対象が間近**

**な人間なのか、それともディスプレイの向こう側のキャラクターや遠いインフルエンサーなのかを分ける一番大きな違い**だと私は考えています。ナルシシズムの充足はキャラクターやインフルエンサーのほうがお手軽だとしても、ナルシシズムの成熟可能性という点では、間近なところの自己対象のほうがずっと見込みがあります。

インフルエンサーやキャラクターを「推し」として、理想化自己対象としてどんなに体験しても、それでは職場の上司や部活の先輩を理想化自己対象としてナルシシズムを充たすことはできません。上司や先輩、職場の同僚や自分の属するグループなどを自己対象として体験できているかできていないかで、職場でナルシシズムが充たされる度合いは変わり、居心地やモチベーションはもちろん、職場でのスキルアップや職場の人間関係や周囲からの評価までもが変わっていくでしょう。そのことを思うと、身近なところに自己対象として体験できる人がおらず、ディスプレイの向こうのキャラクターや遠くのインフルエンサーだけを自己対象とし、ナルシシズムを充たす頼みの綱とするのがベストとは思えません。

SNS時代の新しい自己対象たちは、自由に取捨選択ができ、気に入らなければすぐ切ってしまえて便利です。しがらみやストレスを避けやすいというメリットもありますし、他の自己対象が見当たらない時、ナルシシズムを充たす貴重な生命線になることもあるでしょう。ですからそれらの利便性や必要性を否定するつもりはありません。でも、そんなに便利な自己対象だからこそ、欠点がみえてしまった時に我慢する必要も、喧嘩をしたりイラッとしたりした時に関係を維持しようとこらえる必要性も乏しい、と考えることもできます。それは都合の良いことですが、都合が良いがために得られないものもあったりするのです。

これはキャラクターに限ったことではありませんが、人的流動性の高い自由な社会は、自己対象との関係が不首尾なときの私たちの耳に「あいつのことが嫌いになったなら、我慢して仲直りするよりも別の誰かを見つけちゃえよ」と囁《ささや》いてきます。そんな世の中で、自分自身のナルシシズムを成熟させる必要性はどれぐらいあって、そのための方法は実際あり得るでしょうか。

第4章

# 「推し」をとおして生きていく

## 淡くて長い人間関係を求めて

# 「推す」のも「推される」のも大切

前章では、いまどきのナルシシズム充足の現状、特にキャラクターやインフルエンサーを介した充足について、コフートらの問題意識に基づいていろいろな側面を紹介しました。私自身もそうですが、そうしたキャラクターやインフルエンサーを自己対象として体験し、ナルシシズムを充たすことに現代人はもう慣れっこになっています。昔ながらの問題意識を持ったカウンセラーや精神科医なら、こうした状況をラッシュらと同様に「これはナルシシズムの時代だ！」と問題視し、別の状態、別の社会であるべきと論じるかもしれません。それもひとつの考え方ではあるでしょう。

でもこの本をとおして私は、**私たちとその社会を病的だと批判するより、まずはこの社会のなかでどう生きていくのか**について伝えたいと思っています。

コフートは、人間は生涯にわたってナルシシズムを充たしたがるもの、自己対象として体験される誰かや何かを必要とするものと言いました。である以上、推し活も含めて簡単にアクセスできる自己対象が溢れている現状は悪いことづくめとは思えません。そのうえでディスプレイの向こう側とこちら側の自己対象それぞれとどう付き合っていくのかを考え、短期的なナルシシズムの充足ともっと長い目で見た成長の両方をどう確保していくかを工夫したほうが建設的ではないでしょうか。

第4章と第5章は、「推し」を推したり逆に自分が推されたりすること、所属欲求や承認欲求を充たすに留まらず、そうしたナルシシズムの充足をもっと積極活用していく方法について、コフートらが述べたことの応用編のようなかたちでまとめます。

承認欲求、所属欲求、ナルシシズムといった心理的な欲求を、「充たしておかないと気持ちが辛くなってくるから仕方なく充たすべきもの」と考えるのは不十分です。それらは私たちのモチベーション源でもあるのですから、うまく利用できれば成長の起爆剤となり、飛躍を後押ししてくれるものです。またソーシャルな欲求である以上、人間関係に影響し、より好ましい人間関係をつくったりコネや絆を構築する下地になったりもするでしょう。

逆もまた然りで、うまく利用できなければ成長が停滞したり、人間関係に影を落とすことだって考えられます。それなら、ナルシシズムをただ充たすのではなく、モチベーションとしてもソーシャルとしてもできるだけ望ましく充たせるよう、知恵を絞るべきでしょう。

コフートは精神科医で自己愛パーソナリティの治療に注目した、いわばお医者さん然とした人だったので、自分の治療理論を診察室の外でどう活用するのか、どんな応用可能性があるのかについて多くを語らないうちに病死してしまいました。逆にマズローは診察室の外で心理的な欲求をどう活用するか・どう考えるのかを20世紀の状況になぞらえてたくさん書き残したのですが、残念なことに、承認欲求や所属欲求には成熟という概念が欠如していたのでした。

私がこれから書くのは、コフートの理論に基づきつつ、マズローのように診察室の外での活用や応用について考える、そのようなものです。コフートが打ち立てたナルシシズムの心理学のロジックを日本社会に応用し、コフートの考え方を人生の幸福追求に役立てていく試み、ナルシスト的で〝適度な幻滅〟をあまり経験できないまま大人になりがちな私たちが積極的にナルシシズムの充足と社会適応と人間関係を高めていく試みでもあります。コフートの理論には、治療というマイナスをなくす考え方だけでなく、もっと積極的な考え方が似合う部分もあるように、私には思われるのです。

## 今、あなたは何で心を充たしている？

これから読者の方がナルシシズムの充足をとおしてもっと積極的に世渡りしていく方法を紹介していくのですが、その前に、点検しておきたいことがあります。

点検したいのは、**あなたが今、ナルシシズムをどういう自己対象をとおして充たしているのか**、です。

たとえばあなたが推し活に夢中になっているとして、それはナルシシズムの充足の成熟度合いが高い／低いものでしょうか。ほかの推し活ファンと喧嘩になりがちだったりファンコミュニティのなかで揉め事をおこしがちだったりしないでしょうか。または、「推し」を推したい気持ちが強くなり過ぎるあまり、大きすぎる期待をしては裏切られたと感じたり、買い集めたグッズを焼却炉に放り込んだり、「推し」のことを一番知っているのは他のファンでも推し自身でもなく間違いなく自分だと思い込んだりしていないでしょうか。

もしあなたがこれらに当てはまるなら、理想化自己対象をとおしてナルシシズムを充足するのが不器用な人、欠点のみえない理想化自己対象を求めた幼少期の水準とあまり変わらないまま大人になってしまったナルシストだと想定されます。その場合、あなたの当面の目標はもっと穏便に「推し」を推せるようになること、あるいは、鏡映自己対象をとおしてのナルシシズムの充足をもう少し増やし、推し活をとおしてナルシシズムを充たさなければならないニーズをもう少し軽くしてあげることです。

でも、そこまで推し活に不器用な人、理想化自己対象をとおしたナルシシズムの充たし方の苦手度が高い人は少数派でしょう。今までの人生のなかで「推し」とだいたいうまく付き合えた人なら、もっと身近な人物、たとえば**職場や学校にいる誰かをも理想化自己対象にできないか、それともライバルとして対立自己対象にできないか**、振り返ってみてもいいかもしれません。

どうでしょう？　ディスプレイの向こうの「推し」ほどすごい人である必要はありません。今までに出会った人々のなかに、あの人はまあまあ尊敬できたなぁ、あの時のあいつは格好良かったなぁと思える人や思い出はなかったでしょうか。それか、このグループや組織に属していて満足だったとか、プライドの足しになったとか。そういう思い出のある人なら、きっと身近な人のうちにカジュアルな「推し」やちょっとした「推し」を見つけられると思います。もちろん、キャラクターや遠くのインフルエンサーに比べれば、身近な人々は壮大でも万能でもないでしょう。ときには欠点がみえるでしょうし、しようもない一面を備えているかもしれません。でも、そういう人が推せて、そういう人にも見習いたい一面が見つかるなら、所属欲求が充たされる＝理想化自己対象として体験されてナルシシズムが充たされるだけでなく、職場や学校でのモチベーションも獲得しやすくなり、そうしたちょっとした推しをとおして技能習得できる確率が高くなるでしょう。

承認欲求を充たしたくてしようがない人、「いいね」がつくのが楽しみで自分の得意分野で褒められたい人もいらっしゃるでしょう。コンテストやコンペティションで活躍したことがある人や、仲間同士の集まりのなかで一目置かれたことのある人なら、きっとまわりの人や「いいね」をつけてくれる人々を鏡映自己対象として体験し、ナルシシズムを充たすことにも慣れていらっしゃるはず。

でも、そうやって「いいね」を貰い慣れている人、承認欲求を充たし慣れている人も注意が必要です。目立つことに慣れてはいるけど、いつも出しゃばり過ぎて恨みを買ってしまう人、人並み以上に目立って活躍しているのに、まだまだ称賛が足りないといつも飢えている人は、たまたま才能や能力に恵まれ「いいね」や社会的評価を人並み以上に集めてはいても、鏡映自己対象をとおしたナルシシズムの充足が幼い子ども時代のまま、あまり成熟していないままの人かもしれません。

引っ込み思案で自己主張やプレゼンテーションが苦手な人も、これはこれで承認欲求を充たし慣れていない人、鏡映自己対象を経由してナルシシズムを充たすのが苦手な人にみえます。が、これも程度の問題、深刻さの度合いはさまざまです。みんなの前でプレゼンテーションするのは苦手でも、ひいきの居酒屋や食堂の店員さんとじきに打ち解けて話せる人は、幼い子ども時代には鏡映自己対象をとおしてナルシシズムを充たす体験も〝適度な幻滅〟もまずまずこなせていて、本当はナルシシズムの成長が進んでいるかもしれません。一方、喧嘩をしたわけでもないのに誰かと仲良くなるにつれて自分のほうから身を引いてしまう人、親しさや親密さを感じるようになったらいたたまれなくなって離れたくなってしまう人は、ナルシシズムの成熟があまり進んでいないかもしれません。

ここから先の文章には、ある程度ナルシシズムの成熟がこれまでにあったと思われる人へのアドバイスと、その度合いがもっと少ない人へのアドバイスが混じっています。承認欲求と所属欲求、鏡映自己対象と理想化自己対象それぞれをとおしてのナルシシズムの充たし方に自分がどれぐらい慣れているか、もし慣れていないとして、それが周囲とのトラブルや人間関係の断絶を招くほどのものなのかを意識しながらお読みになってください。

## 本当は奥が深い挨拶、礼儀作法

まず、承認欲求および鏡映自己対象経由のナルシシズムの充たし方について。

現時点であなたが鏡映自己対象をとおしてナルシシズムを充たせているか充たせていないのかは、大きく分けて二つの要素に左右されます。ひとつは、他の人が簡単に真似できないような長所や才能、優れた外見や身のこなしなどを身に付けている度合い。もうひとつは、これまで説明してきた鏡映自己対象をとおしてナルシシズムを充たす、その熟練度の度合いです。あえて三つめの要素を付け足すとしたら、キャラクターを自己対象としてどれぐらいあてにしているかが加わるでしょうか。

自分が特別扱いされなければ気が済まない人、自分以外の人を人とも思っていない人でない限り、身近な人を鏡映自己対象として体験してナルシシズムを充たすのはそこまで難しいことではありません。何かすごい業績をやってのけたり、立派なことをして褒められたりすれば瞬間的にはナルシシズムが大層充たされますが、もっと日常的なやりとりのなかでもナルシシズムは充たされ得ますし、むしろ日常的なナルシシズムの充たし方こそが本当は肝心ではないか……と私はいつも考えています。

日常のなかで承認欲求を充たす、ひいてはナルシシズムを充たす手段のなかには、あまりにも当たり前になってルーチン化しているものもあります。**挨拶を守ること、礼儀作法**

**を守ることは、学校や職場のマナーのように語られていますが、同じ場所で学ぶ者同士、働く者同士の間で承認欲求を充たし合う、あるいは仲間意識をつくって所属欲求を充たし合うためのルーチンとしてはよくできています。**

「所詮ルーチンだし、本当は相手のことを認めてもいないし仲間だとも思っていないでしょう」と思う人もいるかもしれません。いえいえ、それでも挨拶や礼儀作法は馬鹿にしちゃいけないですよ？　それらのルーチンを守り合う者同士は、ルーチンを守ってさえいれば比較的少ない労力と再現性のある行動をとおして相手の承認欲求や所属欲求を僅《わず》かながら充たすことができ、と同時に自分も承認欲求や所属欲求を僅かながら充たすことができるのです。自分だけが特別扱いされないと気が済まない人でない限り、こうしたルーチンがもたらすメリットは小さくありません。ごく僅かながら職場でナルシシズムを充たすことができると同時に、これまたごく僅かながら、ソーシャルな欲求ゆえについてまわるメリット——誰かから学ぶことを容易にしたり、人間関係にプラスの影響を受けたり——をも受け取ることができます。

「そんなのごく僅かなメリットじゃないか」と反論する方もいらっしゃるかもしれません。でも逆を考えてみると、このメリットは安易に捨てるべきではありません。想像してみてください。みんなが職場で挨拶し礼儀作法を守っているのに、あなただけがそれを守っていなくて、あなただけが挨拶もされず礼儀作法も守ってもらえないとしましょう。その場合、あなたはそれらをとおしてナルシシズムを充たす機会がなくなります。このこと自体は無視できるかもしれませんが、職場の人間関係にマイナスの影響を受け続けるのは無視できません。学校や職場にいる誰かから学ぶのも通常より困難になるでしょう。

挨拶や礼儀作法は、ナルシシズムの充足に加えて、自分が参加する場やコミュニティでのコミュニケーションを円滑化し、人間関係をうまくいきやすくし、こじれにくくする重要な社会習慣です。人間が集まって暮らすところ、地球の果てにさえこうした社会習慣は存在します。である以上、それらをとおしてナルシシズムが充たせるか否か、なおかつ人間関係や誰かから学びとることにプラスの影響を受けられるのか否かは、社会適応を大きく左右する本当は重要な問題なのです。「社会人になったらまず挨拶ができるようになれ」としばしば言われるのもそれを反映しているかもしれません。

私自身は、その挨拶や礼儀作法は決して底の浅いものではなく、本当は奥が深い、と感じています。というのも、年配の方のなかには、こうした挨拶や礼儀作法を見事にやってのける達人のような人がいらっしゃるからです。メールの書き方やＬＩＮＥのスタンプの送り方まで考えに含めるなら、挨拶や礼儀作法は常に進化し続けている、とも言えるでしょう。もうこれは、生涯学んでいくしかないものだと思えるのです。

そうした挨拶や礼儀作法に付け加えるものとして、身だしなみにも気を付けたいところです。この本をここまでお読みになった人なら、ファッションにも、承認欲求寄りと所属欲求寄りがあるとお感じになったかもしれません。自分を魅力的にみせたり注目されたりするためのファッションは、それを観る人たちを鏡映自己対象としてナルシシズムを充たすのに都合が良く、実際、個性的な服を自分によく似合うかたちで着こなせばナルシシズムは充たされるでしょう。そういうファッションが似合う状況では、ファッションを楽しむのは人生の豊かさの一部、自己表現の一部だと私は思います。

と同時に、普段、学校や職場で求められるのは、所属欲求寄りのファッション、自分が職場のメンバーシップの一員であるのに都合の良いファッションです。職場の一員として都合の良いファッションとは、職場の人たちに自分の魅力を見せつけるものではありません。それでは承認欲求を特別に充たしてもらいたがっていると勘違いされたり、職場のカラーのなかで浮いてしまったりするかもしれません。学校や職場でお勧めしやすいのは職場に溶け込むためのファッション、一緒に学んだり働いたりする人が気持ち良いと感じるようなファッションです。学校や職場のTPOにかない、清潔な恰好ならだいたい大丈夫でしょう。

ただ、ファッションについては入浴や洗濯で損をしている人もいらっしゃるように見受けられます。どんなに良いファッションでも、どんなにTPOにかなった服装でも、あまりに薄汚かったりにおいがひどかったりすれば、職場の人間関係、ひいてはナルシシズムの充足に差し障るかもしれません。そういうところで損はしたくないものです。

## 特別扱いされたい人のナルシシズムの充たし方

社会習慣や服装のTPOは、習得すれば身に付くのでだいたいの人には解決できる問題です。それより解決しづらいのは、挨拶や礼儀作法の守れる間柄でも、まったく承認欲求や所属欲求が充たされないと感じる人、自分はそういったもの抜きで特別に評価されるべき人間だと思っている人自身の問題です。

幼い子ども時代の、自己対象の欠点がみえない年頃の子どもなら、実際そうかもしれないのです。それぐらいの年齢では、何もしていなくても親から特別扱いを受けるのが当然ですし、また、そうした体験が必要でもあるでしょう。理想化自己対象だけでなく、鏡映自己対象としての親もこの段階では欠点が露わにならず、どうあっても自分のことを肯定してくれて、よしよししてくれて、世話してくれる対象として体験されます。ところが親の自己対象としての機能があまりに不十分だとそうはいきません。欠点のみえない自己対象がほとんど体験できず、〝適度な幻滅〟プロセスも起こらず、ナルシシズムの成熟の〝旬の時期〟なのに成熟が進まない……とは先に紹介したとおりです。

そのような人がそのまま成人になると、あたかも子ども時代にナルシシズムの充足と成熟が果たせなかったツケが現れるかのように、自分を無条件に肯定してくれる鏡映自己対象でなければなかなか満足できない、この方面のナルシストになってしまいます。キャラクターの世界では「萌え」や「俺の嫁」的なキャラクターを求めずにいられず、現実でも自分を特別扱いしてもらえなければフラストレーションを感じてしまう、そういうナルシストです。

そういうナルシストでも、案外、社会適応が成り立つ場合があります。たまたま特異な才能や技能を身に付けていて飛びぬけた活躍をしている人、容姿や話術や資産に恵まれて、推されることにも慣れている人のなかには、それらのおかげで実際特別扱いされてきた人もいます。この場合、自分が特別で周囲は平凡だという意識を持っていたほうがかえって似合う場合もありますし、周囲の人も「あの人は特別だから」「あの人はスターだから」とある程度は許容してくれるかもしれません。

こうしてナルシストでも困らない社会適応を許されてきた人は、ある意味大変幸運です。もし、あなたがこの少数派のナルシストに当てはまるなら、その周囲を惹きつけてやまない魅力を失わないよう、努力は続けておきましょう。と同時に、外見はいずれ衰えていくし、特別な才能もいつかは枯渇する、そうでなくても年を取って内実が変わっていくと心得ておき、今からその時に備えましょう。たとえばあなたがスポーツやeスポーツの選手で、世界レベルの実力者だったとしても、その実力で特別扱いしてもらえる時間は決して長くありません。**天狗にならず、腰を低くして、のぼせあがらずにやっていくこと、自己対象として対等な人間関係を築いていくためのノウハウを身に付けておくことが遅かれ早**

**かれ課題となる**でしょう。

具体例を挙げてみましょうか。棋士の藤井聡太や大リーガーの大谷翔平はスーパースターでありながら、挨拶や礼儀作法を守り、年上の同業者を尊敬して良い部分を真似することを知っています。仲間意識やメンバーシップを持つことも知っているでしょう。そんな彼らの伸びしろはより大きく、技能の最盛期が過ぎ去ってもなお、人々の敬意を集め続け、愛され続けるでしょう。ちょうど、彼らの先輩にあたる羽生善治や松井秀喜が全盛期を過ぎても多くの人に愛され、さまざまな領域で活躍しているように。

若くて才能や容姿に恵まれた人のなかには、せっかくその幸運がありながら、ナルシストとしての欠点を克服しないまま年齢を重ねてしまう人がいます。ですが、そのままでは年上や同業の人から何かを学び取る・良い部分を模倣するのが難しくなるぶん、才能の出涸らしになってしまうのも早いかもしれません。また、イエスマンしか周囲に集まらず、余計な恨みを買いやすく、敵をつくりやすく、味方をつくりにくくなってしまう人も、才能そのものは優れていても長く活躍するのは困難です。

あなたがまだ若く、才能や容姿に恵まれ、特別扱いしてもらえる特権を持った人なら、その特権がなくならないうちに周囲と対等に付き合い人並みに礼儀作法を守り、感謝の気持ちや仲間意識が持てるように、そして後述する〝適度な幻滅〟に相当する体験を積み重ねるように努めて、ナルシシズムを少しでも成長させましょう。

コフートがクライアントとして治療したのも、そうした才能にある程度恵まれ、それでもライフステージが進むなかで行き詰まった自己愛パーソナリティな人たちでした。一般に、才能ある自己愛パーソナリティの人がうまくいっている時に助けを求めたりはしません。ライフステージの変わり目を迎え、才能や容姿に衰えがみられるようになった時に、心理的にも人間関係のうえでも行き詰まって助けを求めるのです。しかし、ナルシシズムも人間関係も、若いうちに軌道修正しておいたほうが好ましいのは言うまでもありません。

三つ目の要素、古くは「萌え」や「俺の嫁」とも言われた、自分を受け入れてくれるようなキャラクターやコンテンツについても触れておきましょう。私は、そうしたキャラクターの自己対象をとおしてナルシシズムを充たすのはそんなに悪いことではない、と思っています。キャラクターの良いところは、実在の人間には不可能な欠点のみえない自己対象としての機能を受け入れてくれること、実在の人間ではないのでキャラクター自身は基本的に傷つかないこと、コストがそれほどかからないことです。実在の人間とキャラクターを区別する分別を見失わない限り、ある程度は頼っていいのではないでしょうか。

ただ、キャラクターに求めるものが現実の人間関係にひょっこり顔を覗かせることはあり得るのでご注意ください。ほとんどの人は、「自分は現実とアニメやゲームの区別がついている」と思いこんでいますが、いざパートナーになりそうな人が現れた時、アニメやゲームに出てきたシチュエーションを期待してしまったり、「俺の嫁」キャラクターに求めていたものをパートナー候補の人につい求めてしまうことはあり得ます。年配の方を中心に、「現実とアニメやゲームの区別がつけられなくなる」といった心配を口にする人がいますが、もし、それが起こるとしたらそれはこうした心理的な充足の次元ではないでしょうか。

抱き枕になっているようなキャラクターを承認欲求、ひいては鏡映自己対象の基準にしてしまったら、現実世界で承認欲求やナルシシズムを充たしてもらえたと感じるハードルがめちゃくちゃ高くなってしまいます。**ありのままの自分を全部受け止めてくれるのがナルシシズムの本当の充足で、挨拶のたぐいはナルシシズムの充足のうちには入らない、なんて思い込むようになってしまったら大変**です。そこまで極端な人はさすがに珍しいとしても、区別が曖昧になっている人、ときどき見かけますよ？

## お手軽な「推し」と、その問題点

続いて、所属欲求および理想化自己対象経由のナルシシズムの充たし方について。

理想化自己対象も、欠点のみえない、遠くの華々しい「推し」が基準になってしまうと後々困ってしまうかもしれません。一般に、ゲームやアニメのキャラクターやインフルエンサーたちは、ファンにみせる情報を絞りに絞って、目障りな欠点が露出しないようにつくられた、理想化自己対象としては人間離れした人工的な対象です。その人間離れした対象を推すのは別に構いませんが、それが理想化自己対象に期待する基準になってしまうと、現実の人間は男性も女性も欠点が見え過ぎて我慢ならず、自己対象として出来損ないのように感じられてしまうでしょう。

もしあなたが、「『推し』に比べたらあの人もこの人もカス同然」みたいにちょくちょく思うようになっていたら、危険な兆候です。身近な人間関係のうちに理想化自己対象を見つけられずにナルシシズムを充たせないだけでなく、その周囲の人々を見下している心持ちはほぼ間違いなく表情や態度に出ていて、人間関係のあちこちでマイナスの影響をつくりだしていると思ってかかるべきです。

学校や職場に「推し」がいない人や所属欲求が充たせていない人も、ひょっとしたら、欠点のみえない「推し」と比較して色んな人を無意識に見下してしまっていて、その見下しが筒抜けになっているせいで反感を買っているかもしれず、それが承認欲求を充たすうえでも大きなペナルティになっているかもしれません。見下しや軽蔑の意識は、キャラクターやインフルエンサーを自己対象としてナルシシズムを充たす際にはたいした問題にはなりませんが、間近な人間関係ではたちまち見抜かれてしまいます。そのうえ見下しや軽蔑は仕返しされやすく、悪くすればシェアされてしまいます。つまり、あなたが周囲を見下したり軽蔑したりすれば、周囲もすぐにあなたを見下したり軽蔑したりするでしょう。

なら、どうすれば良いでしょうか？　キャラクターやインフルエンサーを推し活すること、それ自体を否定するつもりはありません。ただ、「推し」を推すのはいいとして、それ以外を見下したり軽蔑するのは本当にやめましょう。本当にやめましょうとわざわざ書くのは、それが心地よくてやめられない人も少なくなく、だけれど弊害も大きいからです。「推し」を思いっきり崇拝し、くもりのない理想化自己対象とみなし、自分たちはその「推し」と一体だと思い込みながらそうでない人々を見下すのは、実は気持ち良いことです。または、自分が所属しているグループや思想信条の集まりを高等とみなし、そうでない人々を下等とみなす選民主義も気持ち良いといえば気持ち良いでしょう。自分たち少数が高等でその他大勢が下等だと思い込むと、「推し」や所属グループを理想化自己対象としてナルシシズムが充たせるだけでなく、その他大勢を、自分たちを上等だと思い込むための鏡映自己対象としてナルシシズムを充たすこともできるからです。

「推し」と自分をアゲて、他人をサゲると気持ち良い理由をナルシシズムの観点から説明するとこうなるでしょう。でも、これって悪徳じゃないでしょうか。

そういうナルシシズムの充足なら、幼い子ども時代に理想化自己対象に恵まれず、〝適度な幻滅〟から程遠かったナルシストでさえ、理想化自己対象をとおしてナルシシズムが充たされたと感じられるでしょう。でも、そうやって欠点のみえない理想化自己対象を崇拝しているだけではナルシシズムの成熟は期待できませんし、「推し」や推し活グループ、または選民主義的なグループにばかりのめり込んで、どんどん浮世離れしてしまいます。

認知機能も感覚器官も発達していなかった幼少期に体験されるような、欠点のみえない自己対象を成人後も求め、そのようなものとして「推し」を体験し、周囲を見下していても、さしあたってナルシシズムは充たされます。けれどももし、「推し」がカルトな指導者だったりしたなら、「推し」は自分を神だと思い込ませるように振る舞い、その振る舞いにあなたは乗ってしまうかもしれません。そんな「推し」しか推せなくなって、なおかつ周囲を見下しているせいで孤立してしまうと、もうその「推し」なしにはナルシシズムが充たせないようになり、やがて、「推し」の言いなりにならざるを得なくなってしまうでしょう。

ですから**「推し」をあまりにも理想視し過ぎて、なおかつ周りを見下しがちなナルシストはカルト宗教やカルトな団体に引き込まれてしまうリスクが高い**、と言えます。カルトな団体には（特に理想化自己対象をとおしてナルシシズムを充たすのに不慣れな）ナルシストが多い、とも言えるかもしれません。そして今時のカルトは、わかりやすい宗教指導者や政治思想家の姿をしているとは限りません。いつもタイムラインで見かけるインフルエンサーや動画配信者の姿をしているかもしれないのです。

今、たまたま素晴らしい「推し」に巡り合えている人も、「推し」が推せる喜びはそのままに、そうでない人を小馬鹿にする目線になってしまわないよう戒めましょう。見下しは、どんなに気持ち良くても悪徳で、自分には孤立を、周囲には良くない感情をもたらすものです。素晴らしい師匠や先輩に弟子入りして所属欲求を充たしながら技能習得に励んでいる幸運な人も、どうかそのことを鼻にかけすぎず、師匠や先輩をかさにプライドを持ちすぎないようにしましょう。推し活には、節度が備わっているべきです。

とはいえ、「推し」は私たちの理想や憧れとなってモチベーション源になってくれますし、「推し」をとおして私たちが得られるものも小さくありません。「推し」に一歩でも近付きたいから厳しい練習に耐えられる、立派な集団の一員になりたいから難関試験に挑める、そういったモチベーションは成長の強い牽引力になります。また、「推し」をリスペクトしているからこそ、「推し」をとおして技能習得がはかどるかもしれません。

「見て技術を盗め」という言葉もあります。これは、言葉や書物をとおして技能を授かるのでなく、お手本となる人物をよく観察して技能を盗みなさい、といった言葉ですが、これもナルシシズムと無関係ではありません。お手本となる人物が「推し」で、理想化自己対象としてナルシシズムの充足先にもなっているなら、お手本を見る目には熱意がこもり、その人の良い点や巧みな点を真似しやすくなります。正反対に、お手本となる人物を端から見下し、理想化自己対象として体験できていないなら、お手本を見る目は冷ややかでぞんざいなものになり、良い点や巧みな点を汲み取りにくくなってしまいます。そもそも真似したいとも思えないでしょう。

**推しが上手に推せる人は、身近なところにちょっとした「推し」になる人を見出し、その都度、お手本やロールモデルにしやすい**でしょう。あなたも、身近な人たちのいいところ、推したいところを探してみませんか。そして見つけたら推していき、推すことをとおして長所や技能を真似てしまうのです。

とりわけ、自分の職業やキャリアからいって見習うべき点がある人は減点法で評価するだけでは足りません。加点法でも評価し、見習うべき点や学ぶべき点はどんどん取り入れていきましょう。推したい気持ち、その人を理想化自己対象として体験できるナルシシズムの後押しはそうした態度をとりやすくしてくれ、より素早く「推し」の長所を吸収する触媒として機能します。そのうえ、ちょっとした「推し」を推していれば僅かかもしれませんがナルシシズムが充たされ、学校や職場でその人たちに会うのが楽しみにもなります。その人たちに敬意を払いやすくもなるでしょうし、敬意を払いやすくなるぶん、挨拶や礼儀作法を守ろうという気持ちも高まるでしょう。

## 「我慢するくらいなら切り捨てよ」の誘惑に抗う

挨拶や礼儀作法、身だしなみにはいくばくかの手間がかかりますし、そうでなくても人間関係を続けるのは甲斐性が問われるところではあります。めんどくさがる人、卒業や転職のたびに人間関係をリセットし、そのたび新しい人間関係をドライにマネジメントしていったほうがコスパが良いと考える人もいらっしゃるでしょう。

そうして人間関係にかかる費用を最小化し、ナルシシズムを充たしてくれるアクティビティ、たとえば推し活などに時間とお金をかけたほうが効率の良い人もいらっしゃるでしょう。昔はいつ・どこで生活していても身近な人間同士で助け合わなければ生きていけなかったので、ディスプレイの向こうにだけ自己対象を求めるライフスタイルはほとんど成立不可能でした。今日では一人で生活するためのツールやサービスが充実しているので、そうやって人間関係を最小化し、都合の良いナルシシズムの充足に頼り切ってしまうのも不可能ではなくなりました。

しかしナルシシズムの成長という観点でみるなら、人間関係はやはり必要です。キャラクターや遠くのインフルエンサーは欠点のみえない自己対象であり続け、もし欠点が見えてしまった場合も仲直りするよりは他のキャラクターやインフルエンサーに乗り換えられてしまいがちで、〝適度な幻滅〟が起こる余地がほとんどありません。ときどき不満を持つことがあっても概ねお付き合いが続き、〝ケンカがあっても仲直り〟〝一部に見解の違いがあっても全体としては付き合っていける〟〝雨降って地固まる〟といった人間関係が続きやすいのは、なんといっても身近な人間関係、そして自分が所属しているコミュニティのほうです。

第2章で紹介したナルシシズムの成長についての話もおおよそこうしたものでした。欠点のみえない自己対象ではなく、欠点がたまにみえるぐらいの人のほうが〝適度な幻滅〟を含んだ自己対象としては適しています。コフートは、そうした〝適度な幻滅〟が自己愛パーソナリティの人にも体験できるよう、特有のカウンセリングの理論と方法をつくろうと努力したわけですが、この本を読む人の大半は、コフートがカウンセリングを行ったナルシストたちに比べればナルシシズムの成熟が進んでいると想像しています。

コフートの理論に基づいて考えるなら、幼少期という〝旬の時期〟にはかなわないとしても、そうした欠点や弱点がときどきみえる自己対象との関係がどうにか続けばナルシシズムの成熟は少しずつでも進行していきます。そしてナルシシズムの成熟が進めば、今まてより広い範囲の人を尊敬したり推したりできるようになり、日常の些細なやりとりをとおして承認欲求や所属欲求を充たしやすくもなるでしょう。それらが社会適応や人間関係にプラスの影響を与えるとも期待できます。

SNSやインターネットの時代を迎えて、私たちは単にナルシシズムを充たすだけなら非常にイージーな時代を迎えています。そのかわり、気に入らないところや欠点のみえる人との人間関係を簡単に切ってしまいやすく、そうでないキャラクターやインフルエンサーに鞍替えしやすくなりました。**ケンカをしてしまった人や見解の相違を含む人、ときには争うこともある人と人間関係を続けにくい時代を迎えた**とも言えます。

そんな時代だからこそ、今、身近にいる友達や先輩、上司や先生、後輩といった人たちが自己対象として体験できるなら、その関係はなるべく大切にしたいものです。一般に、身近なところで理想化自己対象や鏡映自己対象として体験される人たちは、精巧につくられたいまどきのキャラクターや遠くでバズっているインフルエンサーに比べれば、すごくもなければ欠点もみえやすい人たちでしょう。そのかわり、そうした人たちをとおしてのナルシシズムを充たせる人間関係、いや、お互いにナルシシズムを充たし合える人間関係には、ナルシシズムの成長可能性に通じている側面、いわばナルシシズムの度量を大きくしてくれるかもしれない可能性が伴います。

人間関係を続けていくには多かれ少なかれ、時間やお金がかかるでしょう。気に入らないこと、意見の相違があること、相手の欠点が目につくこと、そうしたなかで関係を続けていくにはストレスがかかる一面もあるはずです。だから全員と必ず人間関係を続けるべきだとは言えませんし、誰とどれだけ付き合うのかには選択の余地が残ります。それでも、よほど濃厚な人間関係でない限り、付き合っていくコストやストレスはそこまで極端ではないはずです。大親友である必要も、強力な師弟関係である必要もありません。礼儀作法や挨拶をとおしてほんのちょっとずつお互いにナルシシズムを充たし合えるような、お互いのことをほんのちょっとずつ自己対象として体験し合えるような、そんな間柄であればいいのです。こうした、淡くて細くて長い人間関係は、濃厚な人間関係と比べて、欠点や意見の相違が見えすぎないのも良い点かもしれません。コフート自身はカウンセリングの際にクライアントとかなり突っ込んだやりとりをしていますが、私たちが同じことをやろうとしたら「生兵法は大怪我のもと」になってしまうでしょう。**淡くて長い、でもなかなか切れない関係を持つことに値打ちがあるとみて、そのような関係を複数持てることがさしあたっては大切ではないでしょうか。**

ひきこもり研究の第一人者でもある精神科医の斎藤環は、ひきこもりについての書籍のなかでコフートを紹介していて、その際、社会とつながる回路として年賀状を紹介していました。年賀状のやりとりは、年に一度お互いのことを自己対象として体験し合う、淡くて長く、奥ゆかしい人間関係です。これは廃れつつある古い知恵ですが、人間関係を続けること、お互いを自己対象として体験し合い、記憶し合うには有効な知恵でした。

SNSをはじめとするインターネットのやりとりも、淡くて長い人間関係を続ける方法たり得るでしょう。私には1990年代からオンラインで付き合い続けている友人たちがいますが、私にとっての彼らは、もうオンラインかオフラインかに関係のない友人です。長い付き合いのなかで色々なことがありましたが、それだけに、彼らとの付き合いをとおして私はナルシシズムの成長の機会をたくさんいただいたと思っていますし、私も彼らのナルシシズムの成長になんらか貢献していたらいいなと思っています。反目しやすさや分断のしやすさが語られがちなSNSですが、長く付き合おう、欠点や意見の相違を見つけても人間関係を切らないでいようと意識している限り、案外ちゃんと人間関係が続くものです。人間関係が続く限り、ナルシシズムの成長になんらかプラスの影響を与えてくれる部分もあるのではないでしょうか。

そうした長く続く人間関係のきっかけは、推し活をやっている最中に生まれることもあるかもしれません。好きなキャラクターやアニメやゲームを推している活動のなかでオフ会などを経験し、他の推し活メンバーとやりとりしているうちに友人や知人ができるのは最近では珍しくないパターンです。そのような場で出会った友人や知人の一部は、他のキャラクターやアニメやゲームを推している時にも情報交換できる仲になったり、一緒に聖地巡礼ができる仲になったりするかもしれません。そうした仲も長く続けば、1990年代以来の私のオンラインの友人たちと同様、かけがえのない関係にまで成長するかもしれず、そうなればお互いのナルシシズムの成長に与える影響も大きいはずです。

## 「推し」は狙われている

いったんまとめましょう。

ナルシシズムの成長にプラスの影響をもたらしそうな人間関係は、

- 欠点がみえたり、意見の相違がチラチラ見える人間関係であること
- そうしたものがあっても続いていける人間関係であること

で、

・ただし、見えすぎるのも辛いので淡くて長い人間関係のほうが望ましい部分もある
・お金や時間やストレスもかかるので全員と付き合い続けるのは困難

といったところでしょうか。

ナルシシズムの成長という観点からみれば、そうした継続的で、まずまずナルシシズムが充たせる自己対象として体験可能な人、ほどほどに承認欲求/所属欲求を充たせるグループや共同体こそ大切にすべきですが、そういう人や場所がなかなか見つからない場合もあります。また、人間関係の維持にはメンテナンスコストがかかり、自分だけでなく、相手も続ける意志がなければ続きません。だからこそ長続きする人間関係は貴重だとも言えますし、それはお金を払えば買えるものではありません。

他方、ナルシシズムをインスタントに充たす、それだけを優先させるなら、キャラクターを自己対象としてあてにしたほうが手軽かもしれません。キャラクターとそのグッズにかかるお金はもちろんあるにせよ、人間関係に比べればお金のかかる度合いは少なく、欠

点がみえないこと、言い争いになったりすることが少ないことからストレスも少なめです。
そうしたキャラクターを自己対象としてあてにするのは、承認欲求や所属欲求があまり充たせない状況ではそう悪いことではありません。多かれ少なかれあてにしたっていいでしょうし、私にもそうした推しキャラクターがいます。それと、あまり意識されない長所かもしれませんが、特に架空のキャラクターはマイナスの影響を受けたり傷付いてしまったりするおそれが少ないのも長所ではないでしょうか。

承認欲求や所属欲求、そしてナルシシズムを充たしたい欲求は、メディアが発達する以前は自己対象になってくれる他人がいてはじめて充たせる欲求でした。そんな他人がいなければナルシシズムの成熟は成し遂げられず、そうした人と人との関係をとおして単なる心理的な充足を超えたプラスの効果が得られるのはここまで述べたとおりです。ただし、人と人との関係にはボタンの掛け違えによってマイナスの効果が生まれてしまうリスクや、自己対象として期待する人に迷惑をかけてしまうリスクもあるかもしれません。たとえばインフルエンサーを推しているうちにストーカーになってしまう人や承認欲求が強すぎて自己中心的な行動を繰り返す人のことを思うと、そうしたリスクの無い架空のキャラクターは誰にもマイナスの影響を与えない点ではクリーンで、良心を痛める心配のない自己対象と思えます。

反面、キャラクターやインフルエンサーには忘れてはならない問題点もあります。今日、そうしたキャラクターやインフルエンサーのほとんどは商業的な活動のうえに存在しているでしょう。**キャラクタービジネスやインフルエンサーたちは、利用しやすい自己対象を提供する見返りとして、何を私たちに支払わせようとしているでしょうか？**

ひと昔前のキャラクタービジネスなら、ファンにグッズを買ってもらう、ＣＤや写真集やコンサートのチケットを買ってもらう、といったものが多かったでしょうし、これらは単純でわかりやすいほうです。他方、今日の「推し」と推し活をみていると、投げ銭をとおして際限なくお金を使わせる活動や、一人のファンに同じものを繰り返し買わせたり、同じ作品をリピートさせたりする、そんなキャラクターやインフルエンサーも珍しくないようです。オタクの世界では、自分の好きなキャラクターや作品のために出費するのは美徳とされ、特にコミックマーケットのようなハレの日には出費を惜しまない姿が見受けられます。しかし今日では、そんな出費を惜しまない性質、推し活に突き進む性質はビジネスをする側にすっかり把握され、狙われています。SNS上での発言などもそうですよね。「推し」を推したい気持ちに基づいたオタクの行動は、徹頭徹尾キャラクタービジネスの運営陣に計算され、より多く宣伝させ、より多くお金を払わせたいという意図のなかにあります。彼らからすれば、「推し」のための金払いが良く、可処分時間をどんどん使って「推し」の宣伝までしてくれるファンはていの良い「養分」でもあるのです。

「推し」を推すにあたって本当に肝心なのは「養分」として時間やお金を無尽蔵に突っ込むことでしょうか？　確かに「推し」にお金を使うのは気持ち良いことではあります。でも使った金額で「推し」への愛が決まるかのように思い込んだり、お金を使わないと推し活失格といった空気に惑わされたりして、時間やお金を際限なく使ってしまうのは何かが違うと私は思います。今日のキャラクタービジネスのカラクリを考えるなら、推し活に使うお金は自分の懐具合とよく相談してであるべきで、雰囲気や気分に流され過ぎるようでは、いずれ推し活が続けられなくなってしまうでしょう。私たちはいわば「持続可能な推し活」を目指すべきではないでしょうか。

もうひとつ、**「養分」として期待されているものがお金ではなく、政治力や影響力であ**

**る場合にも注意**しましょう。特にこれはインフルエンサーを推す際に注意しなければならないのですが、インフルエンサーの狙いがお金ばかりとは限りません。政治力や影響力というと、第一には選挙でどれだけ票を集めたかが連想されるでしょうけど、SNS上でのバズり具合やフォロワー数も今日では政治力や影響力の立派な一部です。それらは政治家だけが持つものでもなくなっていて、特定の思想信条や政治志向を持ったインフルエンサー、いや、すべてのインフルエンサーが多かれ少なかれ保持しているものとみるべきでしょう。

インフルエンサーの発言をリツイートしたりシェアしたりすると、「推し」を推した気持ちになれますし、それ自体はお金がかかりません。それでも発言が拡散し、より多くの人の目に触れてフォロワー数を増やすとしたら、それはインフルエンサーの政治力や影響力を大きくするのに貢献していることになります。推し活としても、自分がリツイートしたりシェアしたりした発言がどこまでも拡散していくのをみるのは心地よいことですし、そのとき「推し」は理想化自己対象として体験されていることでしょう。

でも、これも今となってはインフルエンサー側に見透かされ、狙われていることですよね。推しやすい役割を演じるインフルエンサー、リツイートやシェアしたい発言を繰り返しているインフルエンサーが、そうして政治力や影響力をフォロワーたちから獲得しながら、なにかの思想信条を広めるために活動し、実際、そうした思想信条にフォロワーたちがだんだん染まってくる、という現象は珍しくないようにみえます。その思想信条は、自民党や共産党といった特定の政党を支持するものもあれば、コロナワクチンに賛成する・反対するといった個別の問題に的を絞ったものであることもあります。どの思想信条が正しいのか正しくないのか、今、広げられるべきなのかそうでないのかについて私はここで踏み込むつもりはありません。どうあれ、今日のSNSはそうしたインフルエンサーたちの政治力や影響力の草刈り場となっていて、彼らをリツイートやシェアする私たちはそのための「養分」として期待され、計算されていることには注意が必要です。

また、インフルエンサーによっては、そうしてSNS上で熱狂的なフォロワーを生み出し、その熱狂的なフォロワーたちにさまざまなもの——情報商材のような——を売りつけようとする者もいます。「推し」を推す、特に欠点のみえない理想化自己対象として体験される推しを推すのはナルシシズムが充たされる体験ですから、気持ち良く推している最中についつい買ってしまう可能性はあるでしょう。あるいは炎上を焚きつけられたり、騒乱に加わるよう遠回しにそそのかされたりする可能性すらあるかもしれません。

こんな具合に、推し活をはじめ、現代人のナルシシズムを充たしたい気持ちはさまざまなビジネスのターゲットとみなされ、私たちも「養分」として狙われていることは忘れないでおきたいものです。欠点のみえないキャラクターやインフルエンサーはナルシシズムの成熟が進んでいない人でも自己対象にできる反面、ファンを「養分」にするのに都合の良い社会装置でもあります。そうである以上、あまり近付きすぎて完全に言いなりになってしまわないよう、ある程度の距離感をもってお付き合いするか、熱狂している時にもどこかで醒めた感覚でいるかしたほうが良いように思われます。

第5章

# 「推し」でもっと強くなれ

## 生涯にわたる充足と成長

## 長く続けて、長く成長

ここまでの内容は10代から30代前半ぐらいの、比較的若い年齢の方を想定読者として書いてきましたが、ここからは中年以降にも適用できる内容、ナルシシズムを充たしながらもっと長く生きていくことを視野に入れたものとなっています。

最近は生涯学習や生涯成長、第二の人生といった言葉をよく耳にします。一般に、それらの言葉は仕事上のキャリアやライフスタイルを意識したものですし、高齢化が進んでいる以上、それらを意識しないわけにもいかないでしょう。ですが、そこに心理的な学習や成長も含まれて良いのではないでしょうか。

私たちは生まれてこのかた、大勢の人々に囲まれながら生きています。大勢の自己対象に囲まれながら生きている、とも言い換えられるでしょう。人間関係には一度きりの出会いから生涯の伴侶となるものまでさまざまありますが、長続きする人間関係にはナルシシズムの成熟にとって代えがたい価値があります。というのも、〝喧嘩をしても仲直り〟や〝雨降って地固まる〟といったかたちで、〝適度な幻滅〟が起こるのは短期的な関係ではないからです。
もし、ナルシシズムの点でも私たちが成長可能なら、年を取るにつれてより承認欲求や所属欲求を充たしやすく、そうしたモチベーションを得やすくなるでしょう。そうした心理的な成長まで踏まえるなら、流動性の高い社会にあわせて人間関係を使い捨てにするのでなく、長く続く人間関係を大切にすること、そのような人間関係を続けていくことにも意識を差し向けるべきでしょう。

短期的な人間関係の便利さ、あとくされのなさが気に入っている人、そうした環境のなかでナルシシズムを充たせる高い能力を持っている人もいらっしゃるでしょう。とはいえ、いつかは年を取り、能力の盛りを過ぎることまで考えるなら、高い能力に頼りきってナルシシズムを充たすライフスタイルは長く続けられないと先読みしておくべきです。もっと日常的なやりとりや人間関係からもナルシシズムを充たせるよう、多少なりとも変わっていったほうが将来の心理的な行き詰まりを防ぎやすいはずです。

そこからさらに人生のフェーズが変わり、たとえばパートナーとの間に子どもをもうけ、その成長を後押しする際には、自分以外のナルシシズムを充たし、成長を後押しすることを今まで以上に意識したくなると予想されます。上司やリーダーとして後進の育成を意識する立場になった場合も同様です。そうした時、自分自身がナルシシズムの成長を遂げているることはとても大切なことです。というのも、ともすれば子どもを自分自身の自己対象として期待する度合いが高すぎて、自分が子どもの自己対象として機能することがおざなりになってしまう親も、世の中にはいるからです。

とはいえ、子育てに限らず誰かの自己対象としての役割を引き受けるのはそこまで難しいことではないでしょう。そもそも推し活が「推し」を応援して、キラキラさせることを思い出してください。基本はそれと変わりません。あなたが推したいのが子どもでも後輩でも部下でも、上手に推せばきっと推された側はプラスの影響を受け、推す側としても推し甲斐があったりするのです。

マズローでいう承認欲求や所属欲求、コフートでいうナルシシズムは、ソーシャルな欲求だからこそ自己完結しません。他人とつながり合い、お互いのモチベーションを刺激したりお互いの成長を促したりする側面があります。本章では、そうした自己対象についてのコフートの理論を自分自身のナルシシズムの問題だけでなく、自分と一緒に生きていく全員の成長可能性まで視野に入れた、さらに応用編的な生かし方について考えていきます。

## ナルシシズムの成長理論

ここでもう一度、ナルシシズムの成長過程について確認しておきます。第2章で述べたように、ナルシシズムを成長させ、より広い範囲の人を自己対象として体験できるようになっていくうえで重要なのは、幼い子ども時代に欠点のみえない鏡映自己対象や理想化自己対象として体験された母親や父親（厳密にいえばそうした役割を引き受けてくれる養育者）です。そこから認知機能や感覚器官の発達とともに自己対象としての養育者の欠点がみえてきて、それでも自己対象として体験され続けていく、〝適度な幻滅〟が重要だとも紹介しました。このプロセスの重要性はコフートも、そのお弟子さんたちもだいたい認めていますし、子どもの発達について論じたほかの発達心理学者たちの理論（たとえばスターンやウィニコットのような）とも一致しています。

ナルシシズムの成長を意識しましょうと言った時、私たちは幼い子ども時代に帰ることはできないので、そのとおりにリトライするわけにはいきません。それでもここまで述べてきたように、成長してからの人間関係にも、そうした〝適度な幻滅〟に近い体験が起こることがあります。コフートは、子ども時代にナルシシズムの成長がろくに進まなかった自己愛パーソナリティの人にもその〝適度な幻滅〟が体験できる、そんなカウンセリングの方法について研究しましたが、正直、このコフートが述べたとおりのカウンセリングを実践できる人は少なく、やるのも大変だと聞いています。

しかし、コフートがカウンセリングの対象にした人はナルシシズムの成長が特に進んでいなかったクライアントなのであって、この本の読者の大半はそこまではないとお見受けしています。そうである限り、本書で述べてきた〝喧嘩しても仲直り〟や〝雨降って地固まる〟といった体験が経験ゼロというほどではないでしょうし、そうした体験を積み重ねることでナルシシズムの成長を果たせる余地もあるでしょう。

人間関係が続いていくなかで、ときには喧嘩をしたり、意見の相違があらわになったりすること、それでも付き合いを続けていけることは私たちの心理的な成長にとってかけがえのない体験です。それはナルシシズムの成長を促し、承認欲求や所属欲求を充たしやすくし、そうしたことをとおして度量まで広くしてくれるでしょう。私は、そうした体験にはお金ではなかなか買えない、特有の価値があるように思っていますし、十年、二十年を視野に入れた長い成長戦略にはそうした体験が必須ではないか、とも思っています。

コフートは、自己愛パーソナリティの治療理論のなかで、**自己対象として体験されていた相手に不平不満をもってしまい、でも、その後のやりとりをとおして人間関係が続いていく〝雨降って地固まる〟的な体験を変容性内在化と呼び、重要視しました。**コフートが治療にあたったクライアントは、現代でもきっとヘビーなナルシストとみなされる人、幼い頃に両親を自己対象として体験できなかった度合いのとりわけ目立つ人でした。そういう深刻さの大きな人の場合、変容性内在化に相当する体験、失望しきったり幻滅しきったりしそうなところから〝雨降って地固まる〟的に関係を持ち直して継続するのは相当に大変で、喧嘩別れに終わってしまうリスクの高いものです。そのような人ともカウンセリングの関係を続けていったのはコフートといえども大変だったでしょう。

日本の精神医療の現状を率直に振り返ると、こうした自己愛パーソナリティとその周辺の悩みを精神科医がじかに取り扱う機会は乏しく、そのような難しいカウンセリングのノウハウは廃れつつあります。とはいえ、精神医療の面接の基本的な考え方には「人間関係を続けるのが苦手な患者さんとの関係がなんとか続くのは好ましい」というものもあり、厳しい治療を患者さんに押し付けて患者さんとの関係が切れてしまうぐらいなら、どうにか患者さんとの関係が続いていたほうが病状をひどくせずに済ませられる、と判断し、そのようにお付き合いしていく場合もあります。そういう時の精神科医は、ささやかながら患者さんの自己対象の一人としてなんらか役に立っているかもしれません。

ただし、精神科医として患者さんの自己対象を引き受ける際にも、患者さんとの心の距離感の調整は案外難しいものです。コフートのような、精神分析が専門の精神科医なら患者さんの胸のうちにかなり肉薄するのかもしれませんが、肉薄すればするほど精神科医と患者さんとの関係は不安定になり、患者さんの失望や幻滅が大きくなりやすく、〝雨降って地固まる〟に持っていくのが難しくもなるでしょう。

人間関係を続けるのが難しい患者さんの典型例のひとつ、境界性パーソナリティ障害（ボーダーラインパーソナリティ症）の患者さんへの対応に際しては外来治療が基本で、ある程度距離を置いた関係を続けるように意識するのは、そうしなければ治療上の関係が壊れてしまいやすいからですが、自己愛パーソナリティの程度が重い患者さんとの関係も、だいたいそのようなものにならざるを得ないと思われます。

こうした精神科医のコミュニケーション作法を思い出しつつ考えるなら、自分には〝雨降って地固まる〟が難しいと感じている人、つい、「推し」に入れ込み過ぎて深く失望したり、親しい人に多くを求めすぎて絶交になってしまいやすい人が変容性内在化を期待するなら、**人間関係の距離を少し遠めに設定し、淡い交流、薄い推しかたを心がける**と良いように思います。LINEやテレグラムにべったりはりついて既読かどうかを気にするような距離感は避けたほうが良いでしょうし、年賀状をかわす程度の淡くて遠い付き合いもあっていいかもしれません。

瞬間最大風速的に熱狂的に「推し」を推した挙句、失望も幻滅も激しくなるのは推すほうにも推されるほうにも辛いことです。過去の失敗を教訓としながら、そろそろと推しを推したり、自分のことを認めてくれる人・自分のほうを向いてくれることもある人に感謝したりしましょう。

## 日常のうち、平凡のうちに喜びは見つかるか

淡い付き合いをすすめられると、そんなのつまらないと思う方もいらっしゃるでしょう。確かに、ドラマチックな「推し」の物語を体験したい人には刺激が少なすぎるかもしれませんね。そのかわり、期待と幻滅のジェットコースターからは降りることができます。そして自分のナルシシズムを成長させると同時に、自分にとっての自己対象になってくれている人々のナルシシズムまで一緒に成長させられる機会を得られるかもしれません。

人間関係は、壊れてしまえば得られるものは壊れた時点でおしまいです。でも、友達でもパートナーシップでも、長く続けば得られるものは長く続いたぶんだけ豊かになるでしょう。若い頃は私もあまり意識できていませんでしたが、五十歳近くになってつとに感じるのは、いよいよ輝きを増すのは地味でも歳月を乗り越えられた人間関係で、そうして長年続く人間関係はお互いを磨き合うようにも思います。

距離を取った付き合いでもできることはありますし、やらなければならないこともあり

ますよ？　親しくても、疎遠でも、守るべき礼儀、お互いに承認欲求を充たし合ったりメンバーシップやパートナーシップを共有するために払うべき努力はあるでしょう。私は今までに出版した書籍のなかでも、挨拶や礼儀作法、感謝の言葉や謝る言葉をかけることの重要性を繰り返し述べてきました。人間関係に悩んでいる人、なかでも若い人には、そのあたりがあまり身に付いていない人も多いように見受けられます。対照的に、長く生きている人で人望を得ている人は、必ずここをおろそかにせず、身に付けているものです。

自分が挨拶や礼儀作法を意識し、感謝の言葉や謝る言葉をちゃんと口にしているからこそ、他人のそうした気遣いや言葉にも敏感になれ、それらを嬉しく感じられるという面もあります。人間関係を維持するためのこうした社会習慣を身に付けたからといって、いきなりナルシシズムが成長するわけではありませんが、「まず形から入る」のも方法のうちです。少なくともこの方法を実践・徹底すればあなたのソーシャルスキルとコミュニケーション能力は間違いなく高まるでしょう。

つまんない大人のいうことだな、と思ったかたもいらっしゃるかもしれませんね。まあ、そうかもしれません。

でもナルシシズムがうまく成長した大人は、そうした社会習慣経由でも承認欲求や所属欲求をいくらか充たすことができ、ナルシシズムの充足をかなりのところまで達成してしまうのですよ。これって、考えてみれば心理的に最強だと思いませんか。「いいね」をSNSで集めるためにSNS芸をやらなければならない人やセレブのような生活を披露しなければ気が済まない人、無謬《むびゅう》のカリスマを推していなければナルシシズムが充たされない人に比べれば、あまりにもお手軽で、そのさまは、あたかもナルシシズムに自己治癒の魔法がかかっているかのようです。

心理的に強い人と言えるのは、御立派なアチーブメントや大喝采《かっさい》をとおしてナルシシズムを充たしている人ではなく、いつものように学校や会社に行って、いつものように挨拶して、ありがとう、ごめんよ、じゃ、この仕事を引き継ぎますといった具合に日常生活の内側だけでナルシシズムがおのずと充たされていく人です。さまざまな人間関係をとおしてナルシシズムを充たすことができ、より広い範囲の人を自己対象として体験可能な人でもあります。有名タレントやインフルエンサーになった人でも、日常的なコミュニケーションをとおしてちゃんとナルシシズムが充たせて、まわりの人にも感謝を絶やさず、そういうありかたが当たり前だと感じられるような人が、周囲からの草の根の支持を失わず、長く活躍し続けられるのです。

ですから、**ナルシシズムの問題を解決する・ナルシシズムを成長させるとは、どちらかといえば偉大なことや壮大なことをやってナルシシズムを充たすのとは反対の方向です。**もちろん偉大なことや壮大なことをやったって構わないですし、そうしたアチーブメントはあなたのナルシシズムを瞬間的にはパンクしそうなほど充たすかもしれません。でも、そんなアチーブメントに手が届いたとしても、どうか日常的な人間関係の大切さ、ひいては日常的なコミュニケーションをとおしてナルシシズムを充たし合う、そのような自己対象との関係の値打ちを見誤らないでください。そしてそのような人間関係を大切に育て、いつも自分が日常的な人間関係に帰って来られるように意識をしておきましょう。ここを見誤り、ナルシシズムの成長をほったらかしにしたまま年を取り、結局孤立していったナルシストも今まではたくさんいたのですから。

## 年上の「推し」から、同世代の「推し」、そして年下の「推し」へ

そうして周りの人々と承認欲求や所属欲求を充たし合う間柄、お互いを自己対象として体験し合える間柄を続けているうちに、あなた自身も歳を取り、歳を取れば社会のなかの自分の位置付けも、社会の風景の見え方も変わっていくでしょう。

学生時代は、「推し」といえば遠くのタレントやインフルエンサー、近くなら運よく出会えた魅力的な部活の先輩やユーモアも責任も兼ね備えた先生などかもしれません。ちなみにくだんの斎藤環によれば、思春期を迎えると親だけを自己対象として体験するのは難しくなってしまうようです。私自身の思春期を思い出してもそうだったように思いますし、私の子どもを見ていても同様だと感じます。学生から社会人になっていくまでの時期は、そうやって近い年頃の友達や仲間や交際相手、年上の先生や先輩などに巡り合い、お互いを自己対象として人間関係を保っていくことがとても大切です。

しかし社会人を始めてしばらくすると、後輩という年下の存在が現れてきます。部活動に熱心な方なら、学生時代からこの後輩という新しい存在を強く意識するかもしれませんね。

後輩は、あなたより技量や経験が少なく、アドバイスや励ましを必要としている存在です。あなたが自己対象として必要としている以上に、あなたを自己対象として必要としているかもしれません。これまで教わる側、励まされる側、世話される側だった自分が、教える側、励ます側、世話する側に回る、そんな相手でもあります。

先輩に比べると、理想化自己対象としての魅力は後輩にはほとんどありません。が、そんな後輩の才能や長所をうまく見つけ、推してあげると後輩はどんどん成長していきます。そうした教え - 教わりの間柄のなかで、ひょっとしたら後輩はあなたのことを理想化自己対象として体験してくれるようになり、と同時にあなたにとっての後輩は鏡映自己対象として体験され、ナルシシズムを充たしてくれる人の一人になるかもしれません。

過去の部活動や不良集団では、これが上下関係となって形骸化してしまい、ひどい先輩でも後輩が仕えなければならず、先輩が年功序列的にナルシシズムを充たせる図式があったものです。ただしそれも悪いことばかりではなく、後輩は先輩に教えられたことをきっちりと身に付けさせられましたし、組織の看板や偉大な先輩の業績に後輩は憧れ、自分もそれに追い付きたいと願うこともできました。もし先輩の何人かが尊敬できないとしても、部全体、不良集団全体を尊敬し、自分がメンバーの一員であることを誇りに思うこともできました。それらは、メンバーの承認欲求や所属欲求を、ひいてはナルシシズムを充たし個々人の技能を高め、組織としてまとまっていくうえで大切なことだったように思われます。

今日の部活動や職場では、そのような上下関係は希薄化し、**先輩と後輩の間でどんな自己対象同士の関係が成立するのかはあなたが先輩としてどこまで後輩を応援し、助言できるかにかかっています**。その応援や助言次第で、お互いにナルシシズムを充たせるのかそうでないのか、さらに後輩を一人前の部員や社員へと育てられるのかが左右されるでしょう。

もっと人生が進むと、今度は子育てが始まります。子どもの自己対象の成長にあたって、母や父が自己対象として体験されること、特にはじめのうちは欠点のみえない自己対象として体験され、そこから〝適度な幻滅〟が成立することが大切なのは先に述べたとおりです。一方、親からみた子どもも自己対象だったりします。

親が子どもを自己対象にしてどうするんだ、とおっしゃる人もいるかもしれません。しかしコフートの理論立てどおりに考えるなら、そうだとしか言いようがないのです。子どもをかわいい、大切だと思ったり、うちの子は自慢の子どもだと思ったりしている限りにおいて、その子どもは親の自己対象としての意味合いを免れません。ということは、子どもが親のナルシシズムを充たす側面もある、ということですが、これも悪いことばかりではありません。親が子どもを他人と思わず、自分にとって特別な存在、自分にとってかけがえのない自己対象として体験しているからこそ、子育てという、モチベーションが伴わなければとてもやれたものではない営みができるのだとも言えます。そうして子どもに慕われたり頼られたりすれば親のナルシシズムが充たされ、子どもの成長を喜ぶ時もナルシシズムが充たされます。

もちろん親が子どもを自己対象として体験する構図には問題もあります。親が子どもを自己対象として体験する、そこまではいいのですが、親が子どもを自分のナルシシズムを充たすためにこき使って、子ども自身の気持ちや状態に鈍感だったら、または、子どもにとっての自己対象としての機能や役割をロクに引き受けずに一方的に子どもを自己対象として体験しているとしたら、子どものナルシシズムの成長、特に〝適度な幻滅〟のプロセスが起こらなくなってしまうかもしれません。

親が子どもを自己対象として体験すること、それ自体はいきさつからいって自然ですし、むしろ子育てのモチベーション源の一環として無視するのは不当でさえあると私は考えています。だからといって親が勝手過ぎたり、親が子どものニーズに鈍感過ぎたり、親が子どもにかまけていられなかったりしたら子どものナルシシズムの成長に影を落とすでしょう。親が子どものニーズに鈍感で自分自身のナルシシズムに貪欲なパターンの例としてよくあるのが、親が若かった頃に果たせなかった願望を子どもに代理的に叶わせようとするパターン、そして子どもが願っていることと自分が願っていることの区別がつかないパターンです。自分が高学歴でありたかったから子どもを勉強漬けにして子どもの意志をよく省みない、結果として子どもはうまく勉強のモチベーションを掴めずにたいして勉強ができないばかりか、ナルシシズムの成長まで停滞してしまい、メンタルヘルス的にも行き詰まってしまう、という事例は本当によくあるパターンで、親になる者なら警戒をしておいたほうがいいと思います。きょうだいの数が多い場合や地域の大人と接する機会が多い場合なら、子どもの自己対象として親がイマイチでもどうにか子どもは成長できるかもしれません。が、今の社会にそのような環境はあまりないので、そのような子育ての悪影響を子どもはかわすことができません。

では親になる時、子どもの自己対象としてどのように振る舞えばいいのでしょうか。子どものニーズや子どもの意志をよく汲み取りながらコミュニケーションしていくのが大切なのですが、たとえば子どもが発達障害としての特性を持っていて意思疎通が難しい場合などは、親が最善を尽くしていても難しくなってしまう場合があります。そうした、発達特性が邪魔をするかたちで親子がお互いをうまく自己対象として体験できず、二次的にナルシシズムの成長が困難になってしまうことはあり得るでしょう。この場合、発達特性の早期発見・早期対応が大切です。

とはいえ、そういったコミュニケーション上の困難がない限り、自然はよくできていきます。どんな親も、一人目の子どもの子育ては初めての体験ですしそれを完璧にできるわけがないのですが、それでも子どもは欠点がみえないところから育ち始めてくれるので、親の欠点や弱点はそこまで子どもの目にはうつりません。ウィニコットという発達心理学者は、「ほどほどに良い母親」が良い母親だと述べましたが、コフートの理論で考えてもこの考え方は当たっているように思われ、コフート自身、ウィニコットの研究と自分の研究の類似性を認めています。

ですから、さしあたって虐待やネグレクトに該当しない子育てで、子どもとの意思疎通がちゃんと成立し、等身大の子どもを見失った子育て――子どもに極端に過干渉だったり子どもを過剰に持ち上げて期待を背負わせ過ぎてしまったり――に当てはまらない限り、**深刻に受け止めすぎてもいけない**のだと私は思います。自分たちが子どもにとって最初の自己対象であり、子どものナルシシズムの成長の〝旬の時期〟に立ち会う自己対象でもあるとわかっている限りにおいて、子どもが親の自己対象として体験されることはそんなに悪いことではないでしょう。

## 「推し」で人間関係を強化する

この親子関係に限らず、ナルシシズムを充たす・充たされる間柄は双方向的で、人間関係を強化します。先輩と後輩、クラスの友達同士、会社の同僚でも同様です。それはそうでしょう、挨拶を欠かさなかったり自分のことを推してくれたりして、いつも承認欲求を充たしてくれる人のことを悪く思う人は滅多にいません。推すに値する人、一緒に切磋琢磨するに値すると思える人と一緒に学んだり働いたりするのも気持ちの良いものです。

この、当たり前といえば当たり前のことに着眼すれば、推したり推されたりをとおして私たちは人間関係をも強化できる、少なくとも人間関係にプラスの効果をもたらすことができます。と同時に、誰かを推せばその相手の承認欲求が充たされ、推す自分自身も所属欲求が充たされるでしょう。この性質を日常生活に応用しない手はありません。

身近にあなたが仲良くなりたい人がいたら、積極的に推していきましょう。ただし、これも加減が大切なのであって、よっぽど尊大な「推し」でない限り、大袈裟に・頻繁に推し過ぎるのは逆効果です。一般には、彼/彼女の良いところが発揮された時にgood jobと声をかける、何かをうまくやってのけた時に素直に感心する、ぐらいが身近な「推し」を推す時のスタート地点として無難ではないでしょうか。そうして付き合いが始まってからは、どれぐらいの推しかたがその人にとって一番気持ちの良い応援になるのか、じっと考えていきましょう。ＰＤＣＡサイクル、という言葉を知っている人なら、それを身近な推し活に応用してもいいかもしれません。単に言葉や態度で推すだけでなく、その人のやっていることに実際の手助けをするのも良いですが、いきなりの援助は不自然になりがちです。具体的な手助けを申し出る際には、推しを推すのがいかにも自然な状況を掴んだり、推すことが正当化できるような大義名分を掴みたいところです。

そこまで意識的・意図的にならなくても、身近な友達や先輩や後輩に一目置いていること、頼りにしていること、特定の分野でリスペクトしていることは、自分自身の所属欲求を充たし、理想化自己対象経由のナルシシズムの充足になると同時に、相手の承認欲求を充たし、(自分が相手にとっての鏡映自己対象として体験されるかたちで)相手のナルシシズムの充足にも役立つでしょう。こうした、お互いをどう思っているのかをとおしての相互ナルシシズムの充足は、身近な間柄ならちゃんと伝わるものです。友達や先輩や後輩をリスペクトすること・推すことは、自分のナルシシズムを充たすと同時に相手のナルシシズムをも充たすことで、その相手の好意がこちらを向く可能性をいくらか高めてくれます。

もっとも、好かれたいばかりに相手を尊敬するような欲目が強いと、推し活が歪むので期待しすぎるのもいけません。「この人、私に好かれるために無理して推してるな」などと思われてしまっては逆効果です。そうでなく、身近な人になんらか推せる側面を見つけ、そこを推したりリスペクトしたり一目置いたりできるなら、それはきっと人間関係にプラスの影響を与えるはずです。ということは身近な人の欠点を探すより、長所や美点を探したほうが人間関係はプラスの影響を受けやすい、ひいては人間関係にもきっと恵まれやすいということですね。身近な人の長所を見つけて推せるようになれば、そうでないより人間関係はきっとうまくいきやすくなるでしょう。

こうして身近な人の長所や美点を見つけられるようになり、身近な「推し」を増やし、色々な人を敬愛しながら日常が過ごせれば、自分の所属欲求が充たされやすくなるのに加えて、周囲からの反応も肯定的になりやすく、巡り巡って自分の承認欲求が充たされる可能性まで高まります。このような境地にいる人は、その正反対の人に比べてナルシシズムを充たしやすく、人間関係にも恵まれやすく、いいことづくめだと言えるでしょう。

## 身近な人を推す際の三つの注意点

こんな風に「推し」を意識的に推し進める際のテクニカルな問題点にも触れておきましょう。ここでは三つの問題点を挙げてみます。

ひとつは、**相手をよく見てとらなければならないこと**。

相手を推す際、立派だ、すごいと思う長所が見つかったとしても、実はそこが相手が神経質になっている点だったり、アンビバレンツな気持ちを抱えている部分だったりすることがあります。その場合、不用意にそこを推してしまうとあなたの推し活は無神経なものとみられてしまいます。

相手がリスペクトされて一番うれしい点、相手がいちばんわかってくれて好ましい点にリスペクトが及ぶのが望ましいですね。でも、それをやってのけるためには相手に関心を持ち、相手の様子をよく見て、相手のことを理解した程度にあわせて推し活をそろそろと実践していく必要があるでしょう。まだ相手のことが十分わからないうちは無理は禁物です。また、友達やクラスメートや同僚の噂話に耳を傾けるのもいいでしょう。相手のことがわかってきたら、そのぶん、もう少し踏み込んだ推し活ができるようになるでしょう。
これも当たり前といえば当たり前ですよね？　コフートの言葉を借りるまでもなく、人間、仲の良さの度合いによって相手に関われる度合いも変わってくるのが自然ですから。

ふたつめは、**誰彼構わず推すわけにはいかないこと**。

世の中には、推すと厄介な人、推されていることに気付くと面倒なことを押し付けてくるようになる人もときにはいます。猫も杓子《しやくし》も推していると、好かれたくない人に好かれてしまうおそれがあります。では、好かれたくない人を嫌悪すればいいのでしょうか？いいえ、嫌悪が露骨だとこれも見抜かれてしまい、相手からも嫌われてしまって後々の火種になってしまうかもしれません。無関心が正解のように思えるかもしれませんが、なかには無関心を貫くと無視しているとみなし、やっぱり嫌い始める人もいるので無関心が正解とも限りません。

ということは、推すと厄介な人に対しては、推さず嫌わずのニュートラルな態度、かといって無関心とも言えない態度で接する必要があるということです。簡単なことを言っているようで、実践するのは案外難しいものです。また、誰彼構わず推す態度は八方美人ととられてしまいかねないリスク、色々な人の自己対象としてあてにされ過ぎた挙句、忙しくなってしまったりストレスを感じるようになってしまったりするリスクもあります。ですから、意識的に身近な人を推すトライアルのはじめのうちは、あまり手広く構えないほうが安全だと思います。

みっつめは、**つべこべ言っても推せるのは自分が推せる人だということ**。

推し活が人間関係にプラスの効果を与えるといっても、それが期待できるのは実際に自分が推せそうな相手だけです。ちっとも敬愛できない人、リスペクトできる長所や美点が見いだせない人を推そうと思っても、これはなかなかことではありません。あなたが外交官やスパイのような人なら、本心ではちっとも推せない相手でも、相手が推してもらいたいポイントを把握し、見事なおべっかを弄してみせるかもしれません。でも一般的にはそこまでうまくできません。推し活をとおして人間関係を拡充できる相手は、自分が長所や美点を見いだせる相手に限られる、と思っておいたほうが無難です。

このみっつめの点をコフート的に考えるとこうなるでしょう。推し活をとおした人間関係の拡充戦略は、自分がどんな人を・どこまで自己対象としてナルシシズムを充たせるのか、どこまで自己対象の欠点や弱点を多めにみられるのか次第である、と。

どんな人を・どこまで自己対象にできるのかはもちろん自分自身のナルシシズムの成長度合いに左右されるところです。幼い子ども時代で成長が止まっている人にとって、欠点の目につく相手を理想化自己対象や鏡映自己対象として体験するのは簡単ではないでしょう。結果としてナルシシズムの成長度合いは人間関係の拡充戦略が採れる度合いを左右するので、それは人間関係の可能性や人生の可能性をも左右するでしょう。だからこそ、ナルシシズムの成長に役立つような経験を積み重ねておくことは生涯成長・生涯現役の時代に不可欠だと私は思うのです。

## 病気や高齢の際のナルシシズムの充足

ピンチの時のナルシシズムについても考えておきましょう。ナルシシズムの成長戦略についてて書いてきましたが、いつも成長し続けられるとは限りません。心身の危機に際しては人間関係が続きにくく、新しくつくるゆとりも乏しいものです。仕事や子育てで多忙な時期も、忙しすぎるあまり、ナルシシズムの成長について意識していられないかもしれません。

それでも人間関係の維持が重要なのは先にも挙げたとおりです。今までどおりの密度でのコミュニケーションは難しくても、最低限のメッセージのやりとりは続け、お互いがお互いの自己対象である間柄をなんとか残しておきたいですね。人間関係を切ってしまうのはよくよく考えたうえであるべきで、その判断も、ある程度の元気が残っている時に、落ち着いた状況の時にしましょう。

たとえばうつ病にかかっている時はなんでも悲観的に思えてしまい、自分には人間関係を続ける値打ちなんて無いように思い込みがちです。ですが、それはうつ病のせいで考え方がマイナスに染まっている状態の話ですから、本来の考えというより、うつ病のマイナスな気分に染まった考えのようなものです。「うつ病の時は大事な決定は後回しにしましょう」とは、精神医療の世界ではよく言われることですが、人間関係を切るか切らないかについても同じことが言えます。

心身の不健康は、遅かれ早かれあらゆる人が出会うものでもあります。人間、年を取ればば身体が弱ってきて人間関係を続けるのも一苦労になってくるわけですから。日本にコフートの理論を紹介した精神科医の一人である和田秀樹《わだひでき》は、高齢者のナルシシズムの問題に昔から関心を寄せていました。高齢者が老いた身体でもどうにか集会所やデイサービスに集まり、世間話をかわしているのを見ていると、そうしたコミュニケーションは高齢者にとって必要不可欠なものだろうなと思います。そうしたコミュニケーションは認知機能の低下を防いでくれるだけでなく、高齢者の貴重な社交であり、お互いを自己対象として体験し合う機会でもあるのですから。

コフートが言ったように、ナルシシズムの充足、ひいては承認欲求や所属欲求の充足は、何歳になっても必要な、健康なメンタルヘルスを保つうえでも大切なことです。これは、ナルシシズムが成長に成長を重ねてさえ、そうだと言ってしまって構わないものです。人間は、他者と自分とが一体感を感じられる瞬間、ソーシャルな欲求を充たせる瞬間がないとやっていけないよう、たぶんつくられているのでしょう。だからナルシシズムの充足は高齢になってからも必要です。

ところが高齢になってくるとそれがどんどん難しくなっていくのです。能力は衰えていきますし、容姿も衰えていくでしょう。昔、高齢者は高齢であるだけで尊敬されていましたが、「おばあちゃんの知恵袋」が省みられなくなり、高齢者の絶対数の増えた現代社会では、高齢者がただそれだけで尊敬される、つまりナルシシズムを充たしてもらえる見込みは立たなくなってしまいました。その点において、昔の高齢者より現在の高齢者のほうがナルシシズムを充たせない可能性が高いと言えます。望むらくは、年をとっても比較的失われにくいアドバンテージを身に付け、年下を推していけるような心構えを作っておきたいものです。または、高齢になってもなお続くような人間関係を若いうちから続けておきたいものですね。

もちろん、これらは誰にでも簡単にできることではないでしょうし、基本的に、高齢になってからのナルシシズムの充足は若い頃のそれより難しかろう、と私はみています。そうでなくても高齢者には自己対象の喪失体験がついてまわります――友人の死、伴侶の死、恩師の死は、自分にとって大切だった自己対象の死に他ならず、自己対象の死とは、自分自身のナルシシズムの生態系の一部の喪失とも言えます。親しい人の死とは、亡くなった人の死を悼《いた》むに加えて、自分自身にとって必要不可欠だったはずの自己対象の喪失をも悼まなければならない体験です。私自身にはそこまでの体験はまだありませんが、精神科医として患者さんを診ている限り、これは、ときとして身を切られるほどの困難な試練になり得るようにみています。

## 少子高齢化社会と「推し」の未来

私たちがそうして少しずつ年を取っていくのとは別に、社会全体でも少子高齢化が進行し、昨今は孤立した人が増え続けています。ＯＥＣＤ（経済開発協力機構）の統計でも日本人の孤立度は高いと出ていますが、これは日本社会が身近なところの自己対象の少ない社会、身近な人同士がお互いを自己対象として体験しづらい社会、そうした身近なナルシシズムの充足が難しい社会であることを示唆しているように思われます。人は生涯にわたってナルシシズムの充足を必要とするソーシャルな動物ですから、**ナルシシズムの充足の難しい社会は、メンタルヘルスを健全に保つことの難しい社会**でもあるでしょう。

個人が個人として生きる、成果や注目を個人のものとして受け取れる自由な社会を築く、それは良かったでしょうし、個人として承認欲求を求めること、それ自体も良かったのだと思います。しかし誰もが個人生活に没頭するようになり、しがらみを避けるあまり共同体やグループを軽んじるようになった結果、私たちはソーシャルな繋がりとナルシシズムの充足の難しい社会に辿りついてしまいました。ソーシャルな繋がりの少ない社会は、メンタルヘルスの危機だけでなく、人と人とが協力して何かを成し遂げる機会の少ない社会、誰かを推す機会も誰かに推されて頑張れる機会も少ない社会です。それはモチベーションが乏しく、元気や覇気の少ない社会でもあるでしょう。実際、20世紀に比べて日本社会はそのようになってしまっていないでしょうか。

そうしたナルシシズムの充足困難や自己対象の不足を埋めるかのように、メディアにはキャラクターやインフルエンサーといったかたちで理想化自己対象や鏡映自己対象が流通し、消費されています。このような社会を迎えた以上、需要を埋めるようにキャラクターやインフルエンサーが推され、いわばバーチャルな自己対象として体験され、ナルシシズムの充足不足を埋めること自体はあっても良いでしょう。

この本の本筋ではありませんが、私は自己対象としてのキャラクターがＡＩによって運用される未来には期待していて、ＡＩによってサポートされたキャラクターが孤立した高齢者の話し相手として、いわば「俺の嫁」的な自己対象として活躍する未来はあり得ると思っています。高齢者介護といった時、介護されるべきは身体だけでなく、認知機能の低下を予防したりメンタルヘルスの健全性を保ったりするのも介護のうちですから、高齢者の話し相手兼自己対象としてのキャラクターはどこかの企業が実用化するのではないでしょうか。


とはいえです。老若男女が欠点のみえないキャラクターにナルシシズムの充足を頼りきってしまい、人と人の繋がりに習熟しない社会になってしまえば、推し活をとおして大人物やカリスマを輩出するのが難しくなり、もっと身近な友達関係や配偶関係をつくるのも難しくなってしまって、この社会はバラバラになり、しまいに機能不全に陥ってしまうのではないか、とも私は懸念します。

第４章と第５章は、ナルシシズムの充足を、単なる気持ちを充たすだけでなく、人と人との結び付きや、技能習得のフックとして用いる方法としてお話ししてきました。筆者として読者の方に一番伝えたかったのは、ナルシシズムを充たすこと、マズロー風にいえば承認欲求や所属欲求を充たすことは大切で、役に立って、個人のスキルアップや人脈の獲得にも通じていることでした。でも最後に少しだけ述べさせていただくと、これは社会の発展可能性や社会の絆、そしてたぶんですが社会そのものの強靭さにも通じているのだろうと思います。

私たちは、別に国や社会のために生きているわけではありませんから、本書をお読みになった方に国や社会のためにナルシシズムを充たしなさい、とは私も命じたりはしません。そうではなく、個人それぞれがナルシシズムを充たし合いながら人間関係を豊かにし、技能習得も進め、〝適度な幻滅〟や〝雨降って地固まる〟を経験してもなお切れない繋がりを作っていくこと、そうして人生の幸福を推進していくことを私は期待しています。そのように個々人がナルシシズムを充たしながら発展していけば、きっと社会も発展していけるのではないでしょうか。

個々人の繋がりとナルシシズムの充足と成長。そして技能習得や人脈獲得の推進。私は、そういった個人的な発展や豊かさを土台としたうえで国の発展も社会の豊かさも成り立つのだと考えています。ですから私たちは第一に私たち自身の技能習得や人間関係の豊かさを考えていればいいはずで、ひいては、ナルシシズムを長くしっかりと充たせるような自分自身になっていくこと、マズロー風にいうなら承認欲求や所属欲求を長くしっかりと充たせるような人生に自分自身を導いていけるよう考えていればいいはずです。

承認欲求にしても所属欲求にしても、随分と悪くいう人がいたものです。そしてナルシシズムにしても、フロイトの時代からこのかた、多くの人に嫌われ、偏見にさらされてきたと思います。ですがコフートとそのお弟子さんたちが述べているように、ナルシシズムの充足は私たちにとって必要不可欠なものです。ナルシシズムそのものは嫌うべきではありません。いつまでも成熟しないナルシシズムは確かに困りものですが、**よく成熟したナルシシズムは自分自身を豊かにすると同時に、お互いを自己対象として体験し合う者同士をも豊かにする**でしょう。

承認欲求や所属欲求で考えても同様です。そうしたソーシャルな欲求を毛嫌いするのは、いい加減もうやめにしましょう。私たちはそれらをモチベーション源として、人間関係の触媒やてことして、もっと積極的に活用していくべきなのです。本書のタイトルでもある推しも、本来、そのような営みの一部であったはずです。

良く推し、良く推されて、良い人生を——筆者として私が伝えたいことは、これに尽きます。とはいえ、ただ推して推されるのでなく、良く推し良く推されるためにも、工夫は必要です。その工夫のヒントとしてこの本が役立つことを筆者としては期待しています。人は一人では生きていけません。だからこそ、自分自身のナルシシズムがどうであるか、ひいてはそのナルシシズムが他者と一緒に生きていくうえで長所となるのか短所となるのかが問われていると思います。私たちはみんな、多かれ少なかれナルシストです。それなら良きナルシスト、よく成熟したナルシストでありたいと思いませんか。私はそのように願いますし、あなたにもそうすすめたいのです。

# あとがき

ナルシスト、ナルシシズム、自己愛。

これらの言葉は20世紀の終わり頃に流行したものでした。承認欲求が流行るのはそのちょっと後で、「推し」の流行が2010年代より後なのは本文でも書いたとおりです。ではなぜ、ナルシシズムについて今更語ったのか？　それは20世紀の終わり頃と現在では、ナルシシズムを巡る環境がいろいろ変わっているからです。

第一に、今の日本ではマズローの言葉がかなり知られていて、特に承認欲求は小学生でさえ口にし、流行歌の歌詞やアニメにも登場するほどになっています。これも本文中で書きましたが、マズローの承認欲求や所属欲求は人間のモチベーションをカテゴライズするうえで大変わかりやすいのが長所ですが、そのモチベーション自身の成長についてはあまり参考にならないのが短所です。だとしたら、マズローの言葉を借りながらコフートの話をすれば、モチベーション自身の成長について21世紀の読者によりわかりやすく解説できるのではないか、と私は考えました。

第二に、キャラクタービジネスが20世紀よりもずっと成熟し、人と人とを繋げるインターネットやSNSがほぼ完全に普及したことで、ナルシシズムの充足も人生のなかで出会う自己対象も、20世紀の頃とは随分様変わりしました。私たちは今、ベッドに寝転がったままで「推し」を推せるような社会、いつでもどこでもスマホを持ち歩いて自分のアカウントに「いいね」がついてないか気にしてしまう社会を生きています。それはナルシシズムの充足という点でも、人と人との繋がりという点でも、20世紀とは大きく違った社会状況です。そうである以上、ナルシシズムについて考えるにも、コフートを参考にした書籍をつくるにも、20世紀の内容とは違ったものでなければならないはずです。

コフートとそのお弟子さんたちが作ったナルシシズムについてのジャンルは、自己心理学、と呼ばれています。本書の内容は、この自己心理学が提唱している学説に基づきながら、ある程度マズローの承認欲求や所属欲求と互換性のある読み方ができるよう記したつもりです。また、より広い範囲のかたに理解していただくためにも、コフートが自己愛パーソナリティと呼んだ人々に比べればナルシシズムの成熟度合いがまだマシと思われる人を想定読者として書きました。

ここで、自己愛パーソナリティとその周辺の問題について断っておかなければなりません。自己愛パーソナリティの精神病理について語ったのはコフートだけではありません。フロイトも自己愛性について述べていますし、カーンバーグという精神分析の著名人も自己愛性パーソナリティ障害について記しています。アメリカ精神医学会の診断基準であるDSM-5にも自己愛性パーソナリティ障害という診断名が存在していますが、これは、コフートの学説よりもカーンバーグの学説に近く、より重症度の高いパーソナリティ障害と考えて差し支えないものです。

コフートとカーンバーグ、それぞれが診て語った自己愛パーソナリティにはある程度の違いがあります。コフートが診た自己愛パーソナリティは個人開業のオフィスでカウンセリングを受けるような、より健康的で一般的なパーソナリティに近いもの、カーンバーグが診た自己愛性パーソナリティ障害は精神科病院で治療を受けるような、より病的で境界性パーソナリティ障害との共通点の大きなもの、といわれています。本書は、コフートの学説を下敷きにして、そのうえコフート自身がカウンセリングを行った症例よりも健康さの度合いの高いかたを想定読者としているわけです。

コフートは自己愛パーソナリティの治療に際して対面式のカウンセリングを重視しましたし、その際、治療者と患者さんとの間で起こる沈黙の間やジェスチャーといったものも大事だよねと述べています。そのとおりだと思いますが、書籍をとおしてコフートのエッセンスを伝える際に、沈黙の間やジェスチャーを読者のかたと共有することはできません。本書をヒントにしやすいのは、やはり、最低限はナルシシズムの成熟が成立している人、たとえナルシシズムの成熟に多少の不備があったとしても精神医療の助けを必要とするほどではない人だと思います。たとえば境界性パーソナリティ障害に近い行動傾向があり、たとえば精神科病院などに通院や入院をしているかたには本書の内容が適用できるとはあまり考えられません。また、これはカーンバーグもそうですが、精神分析でいう精神病水準――現在の言葉に置き換えるなら、統合失調症や双極性障害（双極症）に該当している人、うつ病でも症状が重い最中にある患者さんが当てはまると思っておいていただければだいたい近いニュアンスになるでしょうか――のかたにはナルシシズムの治療理論や成長プロセスの話は当てはまらないかもしれません。少なくともコフートは、この精神病水準に該当する人は自分の学説では難しいと書いています。余談ですが、マズローも書籍のなかで「病的な状態に当てはまる人には私の理論は当てはまらない」と断っていたりします。精神科医として考えるなら、メンタルヘルスの疾病に一定以上当てはまる人の場合、精神科医による標準的な治療が第一に勧められるべきでしょう。

さて、そうしたお断りはこれぐらいにして私の考え、いえ、未来への野心（？）についても少し書かせてください。

あとがきの最初のほうに書いたように、ナルシシズムについて盛んに語られたピークは20世紀の終わり頃で、コフートとその自己心理学が日本で流行したのも1980～90年代でした。ナルシシズムの成熟問題は当時の社会情勢ともよく合っていましたし、当時の年配者からみれば目新しくもあったでしょう。コフート自身は、はじめナルシシズムを病的とみるフロイトの学説にある程度従っていましたが、やがてナルシシズムそのものは病的でなく、その成熟未成熟こそが問題だとみなしました。それでも世界的にみればナルシシズムは結局あまり良くないもの、迷惑で人騒がせなものというアングルで語られがちだったように思います。

それから二十年以上が経ち、ナルシシズムのことはあまり語られなくなりました。精神医療の現場では発達障害がトピックスになっていましたし、ナルシスト的な心性は異常で珍しいというより、一般的で当たり前なものになっていきましたから、今更ナルシシズムについて語ってもしようがない、と思われているのかもしれません。そしてコフートの死から長い時間が経ち、自己心理学の存在感は薄れようとしています。

本書で紹介した対立自己対象を述べたウルフをはじめ、コフートのお弟子さんには大変参考になることを述べている人もいます。が、私個人が見る限りですが、現在の自己心理学はコフートの遺産を21世紀風にアレンジする気骨や野心を、そして精神分析の一派としてSNS時代の新しい精神性や社会状況にキャッチアップしたアップデートを見失っていないでしょうか。少なくとも私はまだ、自己心理学を21世紀風にアレンジした論説や学説が本家本元である英語圏で流行っている、といった話を耳にできずにいるのです。そして英語圏に限らず、現代の精神医療やメンタルヘルスの本流はなんといってもDSM‐5をはじめとする統計的根拠に基づいた操作的診断基準と治療ガイドラインです。そうしたなか、自己心理学の存在感が薄くなっているのは想像しやすいことです。

しかし精神分析全体のなかでみればコフートの学説は21世紀を生きる私たちのメンタリティに近く、しかも極度に病的なナルシストよりもそうでないナルシストに当てはまりやすい、つまり広範囲の現代人に当てはまりやすい学説になっています。フロイトの学説も社会のより広い人々に当てはまりやすいものでしたが、フロイトのそれは20世紀以前の人々に当てはまりやすいものでした。本文でも触れたように、フロイトの学説は接触過多の時代の人々によく当てはまり、コフートの学説は接触過小の時代によく当てはまるものだからです。

私は思うのです。だったら社会のより広い人々に当てはまるかたちでコフートの学説を21世紀風に発展させること、いや、エンジニアリングすることは可能ではないか？　と。

フロイトの学説については、そこからたくさんのお弟子さんや引用者、応用者が登場し、さまざまなエンジニアリングの派生物が残りました。『嫌われる勇気』のアドラーや承認欲求や所属欲求で知られるマズローもそうです。アドラーやマズローの業績は精神医療やカウンセリングの世界よりも、ビジネスやマネジメントや自己啓発の世界で今も語られ続けています。だったらコフートの学説についても、アドラーやマズローと同様、精神医療やカウンセリングの外側、もっと社会の広いところで流通できる派生物があって良いのではないでしょうか。

本書をとおして私はある程度それに近付いたと考えていますが、これからも研鑽を重ね、これからも社会を広く見据え続けて、21世紀の日本によりジャストフィットした自己心理学‐エンジニアリング《工学》めいた派生物をバージョンアップしていきたいものです。とりわけ**「推し」ブームが教えてくれるように、現代社会は20世紀とは異なったかたちで所属欲求や理想化自己対象の重要度が高まっています。**コフートの学説に基づいてこの社会を見据えるとしたら、本書でも強調したとおり、承認欲求や鏡映自己対象だけを意識するのでなく、所属欲求や理想化自己対象をも意識しなければならないでしょう。それは診察室やカウンセリングルームの内側だけに決しておさまりきらない、もっと社会の側を見つめなければならないパースペクティブとなるはずです。私はそんなパースペクティブを見てみたい、いえ、たぶんもう見ているのでいつかきちんと整理してみたいと願っています。

私は大学教授でも自己心理学の正統後継者でもないわけですから、そんなチャンスが巡ってくるのかはわかりません。が、もし私が何か自己心理学に対して恩返しができるとしたら、それは精神科医でありながら診察室の外をうろつき続け、ブロガーや物書きとして二足の草鞋を履き続けてきた私の来歴に基づいたものだと思うので、今後も粘り強くチャンスをうかがい、なんらかの恩返しをコフートに、そして社会にしていきたいなと願っています。

本書の作成にあたっては、大和書房の刑部愛香さんのお力添えをいただきました。刑部さんが私の不規則なアウトプットに根気よく付き合い、励ましてくださったおかげで本書が世に出ることがかなったようなものです。また、常にもまして本書は日頃からオンラインでお付き合いのある友人や知人の皆さんの知見や所感からインスピレーションをいただいたと感じています。この場を借り、御礼申し上げます。

二〇二三年一二月一二日

熊代　亨

熊代 亨

Toru Kumashiro

精神科医・ブロガー。1975年生まれ。
信州大学医学部卒業。ブログ「シロクマの屑籠」にて
現代人の社会適合のあり方やサブカルチャーについて発信。
著書に『ロスジェネ心理学』『融解するオタク・サブカル・ヤンキー』
（ともに花伝社）、『「若作りうつ」社会』（講談社現代新書）、
『認められたい』（ヴィレッジブックス）、
『「若者」をやめて、「大人」を始める』
『健康的で清潔で、道徳的な秩序ある社会の不自由さについて』
『何者かになりたい』（イースト・プレス）がある。

# 「推《お》し」で心《こころ》はみたされる？

## 21世紀《せいき》の心理《しんり》的《てき》充足《じゅうそく》のトレンド


2024年1月31日　第1刷発行

著者　熊代《くましろ》 亨《とおる》

発行者　佐藤靖

発行所　大和《だいわ》書房


東京都文京区関口1－33－4
電話：03－3203－4511


装画・本文イラスト　sanaenvy

ブックデザイン　アルビレオ

校正　鷗来堂

本文印刷所　厚徳社

カバー印刷所　歩プロセス

製本所　小泉製本




ISBN978-4-479-39419-8



https://www.daiwashobo.co.jp